丝路物语书系

主编 李炳武

莫高窟

璀璨千年的梦里敦煌

吴军 刘艳燕 著

西安出版社

图书在版编目（CIP）数据

璀璨千年的梦里敦煌：莫高窟 / 李炳武主编. — 西安：西安出版社, 2020.12（2023.12重印）
ISBN 978-7-5541-5089-4

Ⅰ. ①璀… Ⅱ. ①李… Ⅲ. ①敦煌石窟—介绍 Ⅳ. ①K879.21

中国版本图书馆CIP数据核字（2020）第249558号

璀璨千年的梦里敦煌
莫高窟
CUICAN QIANNIAN DE MENGLI DUNHUANG
MOGAOKU

出 版 人：屈炳耀
主　　编：李炳武
著　　者：吴　军　刘艳燕
策划编辑：李宗保　张正原
项目统筹：张正原
责任编辑：张正原
特约编辑：张丽卉
美术编辑：李南江
责任校对：曹改层
责任印制：尹　苗
出版发行：西安出版社
社　　址：西安市曲江新区
雁南五路1868号影视演艺大厦11层
电　　话：（029）85253740
邮政编码：710061

印　　刷：陕西龙山海天艺术印务有限公司
开　　本：787mm × 1092mm　1/16
印　　张：21.5
字　　数：200千
版　　次：2020年12月第1版
印　　次：2023年12月第4次印刷
书　　号：ISBN 978-7-5541-5089-4
定　　价：88.00元

序一

阅读文物 拥抱文明

郑欣淼

文物所折射出的恒久魅力，已为越来越多的人所认识。今天呈现在读者面前的这部“丝路物语”书系，就是这一魅力的具体体现。

“让收藏在博物馆里的文物、陈列在广阔大地上的遗产、书写在古籍里的文字都活起来。”（习近平语）党的十八大以来，习近平总书记担负着实现中华民族伟大复兴的历史重任，饱含着对传统文化的深厚感情，让文物活起来始终为其所关注、所思考。让文物活起来，就是深入挖掘文物的内涵，充分发挥文物的作用。中国文物是中华民族的文明印记和精神标识，是全体中国人乃至全人类的珍贵财富；它对于激发人民群众对中华优秀传统文化的了解、认同和热爱，坚定文化自信，汇聚发展力量等作用是不言而喻的。

近年来，一些优秀的文物类书籍、综艺节目、纪录片、文化创意产品等不断涌现，文化遗产元素成为国家外交的桥梁，文物逐渐成为“网红”并受到越来越多年轻人的青睐，这些都充分彰显着“让文物活起来”已逐渐从理念转化为行动，那些在历史长河中积淀下来的文物珍存正在不断走近百姓、融入时代、面向世界。

说到文物，不能不把眼光聚焦于丝绸之路。人类社会交往的渴望推动了世界文明间的相互交融和渗透，中华文明与亚、欧、非三大洲的古代文明很早就发生接触，相互影响，相互交流。直到 1877 年，德国地理学家李希霍芬在他的著作《中国——我的旅行成果》里首次提出了“丝绸之路”的概念。近半个世纪以来，随着丝绸之路考古发现和学术研究的不断深入，极大地开阔了人们的视野。特别是“一带一路”倡议的全面推进，丝绸之路研究更成为国际显学。在古代文明交流史上，丝绸之路无疑是极其璀璨的一笔。它承载着千年古史，编织着四方文明。也正因为丝绸之路无与伦比的历史积淀，形成了独特的历史文化遗产，其数量之大、等级之高、类型之丰富、序列之完整、影响之深远，都是世所公认的。神秘悠远的古代城址、波澜壮阔的长城关隘烽燧遗址、精美绝伦的艺术品、气势磅礴的帝王陵墓、灿若星辰的宫观寺庙、瑰丽壮美的石窟寺……数不清道不尽的文物珍宝，足以使任何参观者流连忘返，叹为观止。2014 年，“丝绸之路：长安—天山廊道的路网”成功跻身《世界文化遗产名录》，使丝绸之路迎来了新的历史机遇，也对广大文化文物工作者提出了新的要求。

“让文物说话，把历史智慧告诉人们。”这是习近平总书记的谆谆嘱托。中华文化优雅如斯，如何让文物说话，飞入寻常百姓家，是当下无数文化界人士亟待攻坚的课题，亦是他们光荣的使命。客观来讲，丝绸之路方面的论著硕果累累，但从一般读者角度，特别是从当下文化与旅游结合角度着眼的作品不多，十分需要一套全面系统地介绍丝绸之路文物故事的读物。令人欣喜的是，西安出版社组织策划了这套颇具规模的“丝路物语”书系，并由李炳武先生担任主编，弥补了这一缺憾。李炳武先生曾经长期在文物文化领域工作，也主持过“中华国宝·陕西珍贵文物集成”“长安学丛书”和《陕西文物旅游博览》等大型文物类图书的编纂工作，得到了业界的充分肯定；加之丛书的作者都是有专业素养的学者，从而保证了书稿的质量。

如何驾驭丝绸之路这样一个纵贯远古到当今、横贯地中海到华夏大地的话题，对于所有编写者来说，都是具有挑战性的。这套书的优点或者说特点，可以概括为以下几个方面：

这套书最大的一个优点，就是大而全。从宏观的视野，用简明的线条，对陆上丝绸之路的博物馆、大遗址进行了全景式梳理，精心遴选主要文物，这些国宝的历史、艺术和科学价值在字里行间一一呈现。

丝绸之路文化遗产类型丰富，作者在文中并没有局限于文物本身的解读，还根据文物的特点做了大量的知识拓展，包括服饰的流变，宗教的传播，马匹的驯化，葡萄等水果的东传，纸张的发明和不断改进，医学的发展，乐器、绘画、雕刻、建筑、织物、陶瓷等视觉艺术的交互影响，等等。其中既有交往的结果，也有战争的推动。总体而言，这些内容是讲述丝绸之路时所不可或缺的内容，使读者透过文物认识了丝绸之路丰富的文化内涵。

值得称道的是，这套书采取探索与普及相结合的方式，图文并茂，力求避免学究气的艰涩笔调，加入故事性、趣味性，使文字更具可读性，达到雅俗共赏的目的。通过图书这一载体，能够使读者静静地品味和欣赏这些文物，传达出对历史的沉思和感悟，完善自己对文物、丝绸之路和文化的认知。读过这套书后，相信读者都会开卷有益，收获多多，文物在我们眼中也将会是另一番面貌。

我们有幸正处于坚持以人民为中心的改革发展伟大时代，每一件文物，都维系着民族的精神，让文物活起来，定会深入人心、蔚为大观。此次李炳武先生请我写序，初颇踌躇，披卷读来，犹如一场旅行，神游历史时空之浩渺无垠，遐思华夏文化之博大精深。兼善天下，感物化人历来是每一个中国知识分子的精神所属，若序言能为一部作品锦上添花，得而为普及民众的文物保护意识起到促进作用，何乐而不为?

是为序。

· 郑欣淼 ·

原中国文化部副部长、故宫博物院原院长、中华诗词学会会长、著名历史文化学者。

序二

李炳武

2013年9月，中国国家主席习近平访问哈萨克斯坦时，在纳扎尔巴耶夫大学发表演讲，首次提出共同构建“丝绸之路经济带”的宏伟倡议。2014年6月，“丝绸之路：长安—天山廊道的路网”成功跻身《世界文化遗产名录》。

丝绸之路是世界上路线最长、影响最大的文化线路。丝绸之路是指起始于古代中国的政治、经济、文化中心——古都长安（今西安）连接亚洲、非洲和欧洲的古代陆上商业贸易路线。它跨越陇山山脉，穿过河西走廊，通过玉门关和阳关，抵达新疆，沿绿洲和帕米尔高原通过中亚、西亚和北非，最终抵达非洲和欧洲，向南延伸到印度次大陆。这条伟大的道路沟通了中国、印度、希腊三大文明，全长一万多千米。它是一条东方与西方之间经济、政治、文化进行交流的主要道路，促进了欧亚大陆不同国家、不同文明之间在商贸、宗教、文化以及民族等方面的交流与融合，为人类社会的共同发展和繁荣做出了卓越贡献。

公元前138年，使者张骞受汉武帝派遣从长安出发，出使月氏。13年中，他的足迹踏遍天山南北和中亚、西亚各地。在随后的2000多年间，无数商贾、旅人沿着张骞的足迹，穿越驼铃叮当的沙漠、炊烟袅袅的草原、飞沙走石的戈壁，来往于各国之间，带来了印度、阿拉伯、波斯和欧洲的玻璃、红酒、马匹，宗教、科技和艺术，带走了中国的丝绸、漆器、瓷器和四大发明，举世闻名的丝绸之路渐渐形成。

用“丝绸之路”来形容古代中国与西方的文明交流，最早出自德国著名地理学家李希霍芬 1877 年所著的《中国——我的旅行成果》一书。由于这个命名贴切写实而又富有诗意，很快得到学术界的认可，并风靡世界。

近年来，丝绸之路迎来了新的历史机遇，沿丝绸之路寻访探秘的人络绎不绝。发展丝路经济，研究丝路文明，观赏丝路文物成了新时代的社会热潮，“丝路物语”书系便应运而生。在本书和读者见面之际，作为长安学研究者、“丝路物语”书系的主编，就该书的选题范围、研究对象、编写特色及意义赘述于下：

“丝路物语”书系，以“丝绸之路：长安—天山廊道的路网”遗产及相关博物馆为选题范围。该遗产项目的线路跨度近 5000 千米，沿线包括了中心城镇遗迹、商贸城市、聚落遗迹、交通遗迹、宗教遗迹和关联遗迹五类代表性遗迹以及沿途丰富的特色地理环境。丝路沿线遗迹或壮观巍峨，或鬼斧神工，或华丽精美，见证了欧亚大陆在公元前 2 世纪至公元 16 世纪之间人类文明进步的重要阶段，以及在这段时间内多元文化并存的鲜明特色。

“丝路物语”书系，每册聚焦古丝绸之路上的一座博物馆、一处古遗址或一座石窟寺，力求立体全面地展示丝绸之路上的历史遗存、人文故事和风土人情。这是一套丝绸之路旅游观光的文化指南，从中可观赏到汉代桑蚕基地的鎏金铜蚕，饱览敦煌石窟飞天的婀娜多姿，聆听丝路古道上的声声驼铃。古丝绸之路是人类文明的宝贵遗产，记录着社会的沧桑巨变，这是一部启封丝路文明的记忆之书。

“丝路物语”书系，以阐释文物为重点。文物是中华民族的精神标识。

“让收藏在博物馆里的文物、陈列在广阔大地上的遗产、书写在古籍里的文字都活起来。”这对于激发人民群众对中华优秀传统文化的了解、认同和热爱，坚定文化自信，汇聚发展力量不可小觑，这是一部积淀文化自信的启智之作。

2000多年前，我们的先辈筚路蓝缕，穿越草原沙漠，开辟出联通亚欧非的陆上丝绸之路。这不仅是一条通商易货之道，更是一条文化交流之路。沿着古丝绸之路，中国将丝绸、瓷器、漆器、铁器传到西方，也为中国带来了胡椒、亚麻、香料、葡萄、石榴。沿着古丝绸之路，佛教、伊斯兰教及阿拉伯的天文、历法、医药传入中国，中国的四大发明、养蚕技术也由此传向世界。更为重要的是，商品和文化交流带来了观念创新。比如，佛教源自印度，却在中国发扬光大，在东南亚得到传承。儒家文化起源于中国，却受到欧洲莱布尼茨、伏尔泰等思想家的推崇。这是交流的魅力，互鉴的成果。这些各国不同的异质文化，犹如新鲜血液注入华夏文化肌体，使脉搏跳动更为雄健有力。古丝绸之路绵亘万里，延续千年，积淀了以和平合作、开放包容、互学互鉴、互利共赢为核心的丝路精神。

新时代、新丝路、新长安。2017年，习近平主席在“‘一带一路’国际合作高峰论坛”上指出：古丝绸之路是人类文明的宝贵遗产。为让这些遗产、文物鲜活起来，西安出版社策划出版的“丝路物语”书系，承载着别样的期许与厚望，旨在以丝绸之路的隽永品格对话当代社会的文化建构，以高度的文化自觉唤醒当代社会的文化自信。

我们作为丝绸之路起点长安的文化工作者，更应该饱含对传统文化的深厚感情，自觉担负起实现中华民族伟大复兴的历史重任，充分运用长安学的最新研究成果，为保护、研究和传承人类文明的宝贵遗产尽心尽力，助推“一带一路”伟大事业的蓬勃发展。

精品力作是出版社的立身之本，亦是文化工作者的社会担当。“丝路物语”书系的出版，凝聚着众多写作和编辑人员的思考与汗水。借此，特别感谢郑欣淼部长的热情赐序；感谢策划人、西安出版社社长屈炳耀先生的睿智选题与热情相邀；感谢相关遗址、博物馆领导的支持和富有专业素养的学者和摄影人员的精心创作；更要感谢西安出版社副总编辑李宗保和编辑张正原认真负责、卓有成效的工作。

“丝路物语”书系的出版虽为刍荛之议、管窥之见，但西安出版社聆听时代声音、承担时代使命以及致力于激活文化遗产、传播中国声音的决心定将引领其走向更远的未来。

是为序。

· 李炳武 ·

陕西省文物局原副局长、陕西省文史馆原馆长、“长安学”创始人、陕西师范大学国际长安学研究院首任院长、三秦文化研究会会长、长安学研究中心主任、著名历史文化学者。

莫高窟

唐·菩萨像（第45窟）

目录

都督夫人太原王氏一心供養
女十一娘供養
女十三娘供養

开篇词

有位名人说过，世界上任何一个传说中神奇的地方，只要你去过一次，就不再神奇。辗转千载，环顾四方，唯有大漠之中的敦煌，你造访一次之后，反而感觉更加神奇。

当你站在荒漠戈壁上，会惊叹是谁把如此浩瀚的艺术殿堂搬到了这里？历史过往、繁华丝路、思想世界、人间烟火……一眼千年，刹那间都涌现到了面前。古丝绸之路上的一切，都能在敦煌石窟中找到鲜活的踪迹。它是中国最富魅力的文化圣地，是人类文化的伟大磁场，是每一个中国人都渴望一生来一次的神圣之地。

声声驼铃陪伴，丝路古道悠长，以行者之视角，看千年之敦煌。

何以敦煌

敦煌，是东西方文化交融汇合的文化宝库。历史上的敦煌不仅拥有人类灿烂的文化，也是人类四大文明的交汇点，佛教东传的通道和东西文化交流的门户。

何以敦煌?

人们在参观了敦煌莫高窟后就会不禁发问，今天的敦煌不过是大西北荒漠之中的一个边远小城，很难与具有如此博大精深、包罗万象、精美绝伦的文化艺术宝库相联系，中原大地、东部、南部气候宜人的地方才应该是国家的政治、经济和文化中心。其实在宋代以前，尤其是汉唐时期，大西北才是中国通向世界的枢纽。如今在丝绸之路沿线遗留下来的大量的文化遗迹就是辉煌灿烂的历史写照，也是华夏文明与外来文明交流融合碰撞激荡的见证。

敦煌，是丝绸之路上一颗璀璨的明珠。位于河西走廊的西端，处在甘

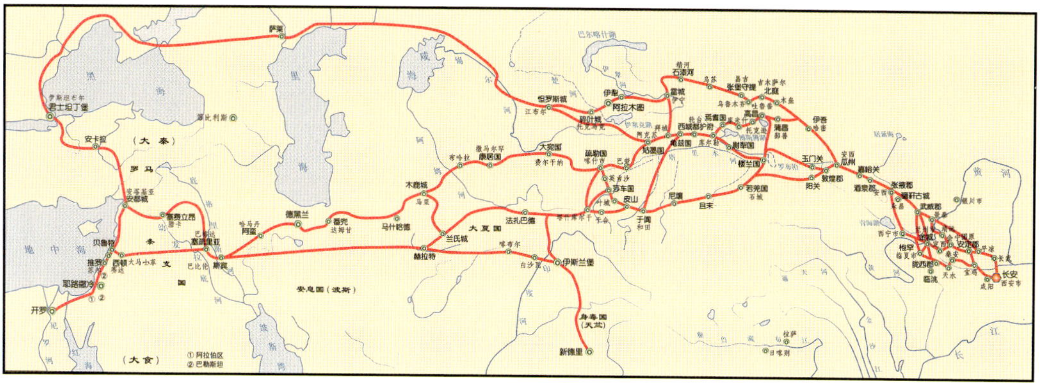

古丝绸之路示意图

肃、青海、新疆三省区的交会地带。自古以来敦煌就在西域、青藏高原和河西走廊三个相对独立的地理区域之间占据重要的地理位置。它东峙峰岩突兀的三危山，南枕气势雄伟的祁连山脉，西接浩瀚无垠的塔克拉玛干大沙漠，北靠嶙峋蛇曲的北山，是丝绸之路进出阳关和玉门关的南、北、中三道交会的军事要塞和商贸重镇，是我国最早的国际化城市之一。海上丝绸之路开通之前，敦煌是古老中华对外交流的丝绸古道上的交通枢纽，是在政治、经济、军事、文化、宗教等领域联结中原和西域、中亚以及欧洲的经济文化交流中心和军事要地，被称为是“华戎所交一都会”。

从考古发现来看，敦煌地区在夏代已有人类的活动。据文献记载，大

莫高窟外景（吕爱 摄）

约在商周时代，这里居住着羌、乌孙和月氏等民族。战国时期，月氏逐渐强大起来，吞并了羌人。秦朝末年，月氏人赶走乌孙，独占了敦煌与整个河西走廊。史籍中关于敦煌最早的记载，见于《史记·大宛列传》，张骞的出使报告中称："始，月氏居敦煌、祁连间。"这是"敦煌"一名首次在史书中出现。东汉应邵注《汉书》时，把字面之意解释为"敦，大也；煌，盛也"。西汉初年，匈奴逐渐强大，打败并赶走了大月氏，占领河西走廊进而常常侵扰关内，严重威胁西汉王朝。汉武帝刘彻继位后决定遣使通西域，联合大月氏共同抗击匈奴势力。西汉建元三年（前138），张骞应募出使西域，率百人使团从长安出发，向西北行前往伊犁河、楚河流域寻找大月氏。经过匈奴控制的河西走廊时，张骞被扣留十年，逃脱后先至大宛，经康居抵达大月氏，但月氏人已由游牧生活变为农业定居，无意再与匈奴为敌。于是张骞只好踏上归途，历经13年艰险回到了长安。去时百余人，返回时只有他和随从甘父二人。这是张骞第一次出使西域，虽未实现联合大月氏攻击匈奴的目的，但他带回来了大量沿途地理人文等方面的信息，拓展了汉武帝了解西域的视野，推进了汉朝抵御匈奴的进程。元朔六年（前123），汉武帝封张骞为博望侯。元狩二年（前121）秋，骠骑将军霍去病出陇西大破匈奴，迎浑邪王归汉，自此河西走廊纳入中原王朝版图。

元狩四年（前119），张骞第二次出使西域，随行者有持节副使多名，随员三百余人，带着牛羊万计，金帛数万。这既是一个高级外交使团，又是一个大商队。这次出使的目的是联合乌孙，与汉共同抗击匈奴，以“断匈奴右臂”，同时也加强与西域各国的往来。但此次联合乌孙抗击匈奴的计划仍未实现。元鼎二年（前115）张骞回到长安。第二次出使西域虽未实现预定军事目标，但却使西汉国威远播。两次出使西域，带回了大量的国际见闻，开阔了汉朝人的视野，促进了汉人对河西走廊及西域地区的认识，史称“凿空”。“凿空”意即汉与西域间本无联系，张骞开而通之，由此促成了汉同西域各国间及中亚、西亚、南亚诸国间的大规模贸易往来。为了有效经略西

阳关遗址（吕爱 摄）

玉门关遗址（吕爱 摄）

域，元鼎六年（前111）汉王朝设敦煌郡，与此前先后设立的酒泉、武威、张掖合称河西四郡。元封年间又在敦煌西北设置了玉门关，西南设置了阳关。扼守西域通往河西走廊、中原的大门。这就是《汉书·西域传》中所说的“列四郡、据两关”。敦煌郡设立后，东接酒泉郡，北邻匈奴，西接伊吾、楼兰，南与羌人为邻，下辖敦煌、渊泉、冥安、广至、龙勒和效谷六县。敦煌郡的设立，是确立敦煌在中华文明史上重要地位的关键一步。敦煌郡管辖范围包括今天的敦煌市、瓜州县、阿克塞哈萨克族自治县、肃

北蒙古族自治县部分地区、玉门市西部及新疆哈密市、库尔勒市、若羌县的一部分，总面积约20万平方千米。

自西汉张骞两次出使西域，开通这条连接东西方的大通道之后，中国使者西去和西域商人东来，中国的许多珍贵产品流向西域，而西域的许多珍贵产品也源源不断输入我国，丰富了各个国家与民族的物质文化生活，促进了社会经济的发展，增强了各国之间的交往和友谊。丝绸之路在人类文明史上被誉为是连接东西方文明的“人类文化运河”，而敦煌就是其中

西千佛洞、党河大峡谷（牛源 摄）

非常重要的中转站。丝绸之路使敦煌的文化中西融汇、异彩纷呈。当时，东亚的汉朝、中亚的贵霜、西亚的安息、欧洲的罗马都处在昌盛时期，欧亚内陆上的丝绸之路，使这四大区域之间有了直接的交流和相互影响，这在人类发展史上具有重大的意义。丝绸之路曾经连接四大文明古国——古巴比伦、古印度、古埃及和中国；在这条古道上也传播了佛教、祆教、摩尼教、景教等外来宗教；敦煌正是将中华文明、古印度文明、古希腊文明和古波斯文明融合在一起。今天，在莫高窟可以看到这四种文明交融的印记，这在世界文化史上是绝无仅有的。敦煌作为这一通道的中轴枢纽，它为中外文化交流和人类文明的进步，作出了伟大的贡献。

榆林窟外景（吕爱 摄）

鸣沙山月牙泉

在漫长的历史长河中，敦煌这块沙漠绿洲，土壤肥沃，人文荟萃。敦煌的历代先民们在这块土地上繁衍生息，辛勤劳作，留下了丰富的文化遗存，有莫高窟、榆林窟、阳关、玉门关、汉长城、悬泉置等举世闻名的历史古迹和世界文化遗产；有藏经洞出土的五万多件文书绢画，及一大批汉、魏晋、十六国、隋、唐、宋、西夏、元等各时期的出土文物。敦煌同时拥有世界级自然景观——鸣沙山月牙泉和雅丹国家地质公园。今天的敦煌已享誉全球，成为“人类的敦煌”。

千年沧桑话沙州

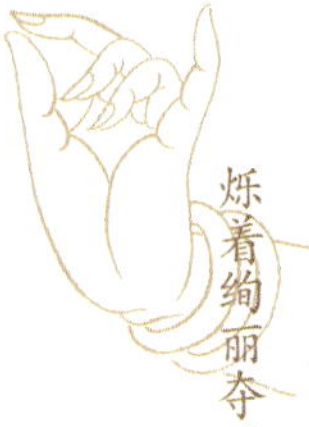

敦，大也；煌，盛也。金戈铁骑，商贾往来。历经沧桑，几度盛衰。敦煌孕育了灿烂无比的古代文化，在丝绸之路的茫茫戈壁中，闪烁着绚丽夺目的光彩。

元狩二年，（前 121）西汉军队打败河西匈奴，河西走廊归入西汉王朝版图。元鼎六年（前 111），西汉王朝在敦煌设郡，与酒泉、张掖、武威并称河西四郡，并在敦煌北部修筑了长城,在西部设立了玉门关,在玉门关之南设立了阳关，扼守由西域进入河西走廊及中原的大门。随着汉朝势力深入西域，长城和烽燧也从敦煌向西延伸，最远一直到龟兹国（今新疆库车）西北。位于河西走廊最西端的敦煌就成为西汉王朝进取西域的重要基地。为了巩固这一基地，汉朝一方面大量迁徙内地的贫民和囚犯来此定居，另一方面调发大批士兵

汉长城遗址（盛岩海 摄）

到此修筑长城，加强边塞防御，耕种屯田，同时也推动了这一地区的农业生产和经济的发展。西汉宣帝时设立了西域都护府，全面管辖西域各国，汉王朝和西域诸国的交通从此畅通无阻。丝绸之路上驼铃声声，各国使者和商队络绎不绝，敦煌也变得日趋繁荣。

西汉末年，中原遍地狼烟，西域地区分裂成五十五国，留居漠北的北匈奴不断入侵渔阳至河西走廊北部边塞，控制了河西地区，曾经繁华的丝绸之路由此中断。当时的张掖属国都尉窦融，在酒泉太守梁统等人的推举下成为河西五郡大将军。窦融做了大将军后，组织联防，怀柔羌虏，稳定了河西地区，河西走廊一带相对富庶平安。中原一些豪门大族纷纷西迁躲避

战乱，定居河西地区，在大将军窦融的庇护下度过了兵荒马乱之世。东汉统一河西时，窦融率五郡太守归顺了东汉开国皇帝刘秀。随着敦煌社会经济的发展，从中原迁来的豪门望族也在这里站稳了脚跟，并逐渐积蓄起雄厚的实力。在东汉末年军阀割据争斗中，武威、张掖、酒泉都相继卷入了动荡之中，敦煌在世家豪族控制下相对平稳安定。经过东汉王朝与曹魏政权对敦煌的持续经营与开发，敦煌在较长时期内保持了相对稳定，成为丝绸之路上一处重要的商品交易中心和粮食生产基地。中原文化在这里生根和发展，儒家经典广泛传播，同时产生于印度的佛教文化也渐渐传到了敦煌。

汉代河仓城遗址（李涛 摄）

五胡十六国时期，敦煌先后属于前凉、前秦、后凉、西凉和北凉五个政权统治之下。这一时期中原战乱频繁，偏居一隅的敦煌再次获得了相对的安定，中原与河西走廊东部的百姓也纷纷来到这里避难，敦煌的人口不断增加，中原文化在河西走廊得以保存和延续。敦煌大族的势力在这时又进一步膨胀起来，甚至左右着敦煌的政局。公元 400 年，李暠据敦煌称王，史称西凉国，这是敦煌有史以来第一次成为国都。但西凉的统治仅限在河西走廊的西部地区。公元 421 年北凉灭西凉后，对沙州进行了野蛮的屠城，给敦煌造成了灭顶之灾，致使敦煌逐渐衰落。十六国时期中原的动荡局面，

宋代天王堂（吕爱 摄）

却给敦煌儒学的发展提供了有利条件。一批著名儒家文人在敦煌著书立说，中原传统文化在此逐渐走向成熟。当时的敦煌，产生了一大批像宋纤、郭瑀、刘昞、索敞、宋繇、张湛等著名学者，他们的有些著作曾传到南朝。与此同时，西行求法与东来传教的佛教僧人都要经过敦煌，促进了敦煌佛教的发展。早在西晋时，就有被誉为“敦煌菩萨”的竺法护在敦煌率弟子翻译佛经，弘扬佛法。随着佛教在敦煌的广泛传播，公元366年，沙门乐僔在鸣沙山东麓的崖壁上开凿了第一个洞窟。

北魏王朝统治北方一个多世纪，佛教迅速发展。佛教为了扩大其影响，尽力迎合北魏王朝统治阶级的政治需要，起到“巡民教化”“敷导民俗”和安抚广大民众的作用。佛教因此在北魏王朝统治范围内有了广泛的群众

莫高窟前的佛塔（吕爱 摄）

基础，得到社会各阶层的普遍信仰。随着北魏佛教的迅速发展，开窟造像之风空前盛行。北魏控制敦煌初期，把敦煌作为经营西域的基地，在此设置军镇，并攻破了鄯善、焉耆、龟兹等地，于是西域大部分都被北魏所控制，丝绸之路再次被打通，西域的商人纷纷前来贸易。公元524年，敦煌改为瓜州，北魏宗室东阳王元荣出任瓜州刺史，给敦煌带来了中原文化艺术的新元素。北魏分裂后，敦煌又先后处在西魏、北周统治之下。

隋朝统一南北，中国封建社会开始走向全盛时期。公元601年，隋文帝诏令天下各州建舍利塔，瓜州也在崇教寺（即莫高窟）起塔，安放释迦舍利。在隋朝统治者崇佛浪潮的推动下，短短三十余年间，隋朝竟在莫高窟开凿了七八十个洞窟。隋炀帝杨广即位后，派黄门侍郎裴矩往来于张掖、敦煌之间，增强了隋王朝与西域各国的联系。裴矩所撰《西域图记》记载当时的丝绸之路："发自敦煌，至于西海，凡为三道。……故知伊吾、高昌、鄯善并西域之门户也，总凑敦煌，是其咽喉之地。"由此可见敦煌在中西交往中的重要地位。

唐朝前期抵制了西域最大的威胁西突厥的进犯，在西域设立安西都护府和安西四镇。为加强军事防卫，在敦煌和河西走廊设豆卢军、墨离军、玉门军、赤水军、建康军等边军，使敦煌经济得到稳步发展，丝绸之路全线畅通，"伊吾之西，波斯以东，朝贡不绝，商旅相继"。农业生产的发展进步为商品经济的繁荣提供了条件，当时敦煌的集市上，有东来西往的汉族商人，也有从中亚、西亚来经商贸易的胡商。敦煌城东的从化乡，就是由长期定居本地的粟特商人组成的。各国商贩们在这里从事着中原的丝绸、瓷器与西域珍宝等各种丰富多样商品的交易，使敦煌这个丝绸之路上的中转贸易重镇繁华一时。经济的发展和丝路的畅通， 以及中西经济文化交流频繁，极大丰富了敦煌文化的内容。敦煌石窟的营造达到了极盛，敦煌文化进一步学习、吸收、借鉴、融合了来自中原的汉文化，以及来自印度、西亚、中亚的不同文化。

天宝十四载（755），安史之乱的爆发，打破了唐朝开天盛世的歌舞升平，唐王朝由盛而衰。唐王朝调河西、陇右地区军队前往中原平叛，吐蕃军队乘虚而入，一举攻占陇右、河西大片领土。吐蕃军队由东向西一路进军攻占了凉州、甘州、肃州和瓜州。敦煌军民顽强坚守了十年，最终在敦煌人“苟毋徙佗境，请以城降”的许诺后与吐蕃结盟而降。这片丢失的土地，是大唐刻骨铭心的痛。当地的居民没有被迁移到其他地区，落蕃的唐人及后裔依然保持着唐朝的文化，他们不忘故国，渴望归唐。

吐蕃占领沙州后，推行吐蕃行政、经济制度和习俗，同时大力扶植佛教，佛教势力迅速扩张，推动了莫高窟的继续兴建。公元842年吐蕃王朝发生内乱后势力渐衰。大中二年（848），沙州人张议潮率领当地民众起义推翻吐蕃统治，又率兵相继收复伊州、西州、瓜州、肃州、甘州、凉州等河西十一州，并遣使奉表归唐，被唐王朝册封为河西归义军节度使，敦煌从此开始了长达二百多年的归义军统治时期。张氏归义军政权恢复唐制，推行汉化，使敦煌的政局得到了稳定，在张氏归义军政权的支持和推动下，

敦煌雅丹国家地质公园（吕爱 摄）

敦煌继续兴建寺院和石窟。

唐朝灭亡以后，归义军节度使张承奉在沙州建立西汉金山国，自称白衣天子。不久甘州回鹘可汗率兵打败金山国，张承奉与回鹘订立城下之盟，回鹘可汗是父，金山天子是子。公元 914 年，曹议金接替张承奉，废除金山国国号，恢复归义军名号，宗奉中原正朔，保持与中原王朝的密切往来，接受中原的封号。曹议金妥善处理内外关系，使归义军实力有所增强。他审时度势，东与甘州回鹘，西与西州回鹘、于阗国联姻。经过曹议金时期的一系列内外政治措施的实施，曹氏归义军政权与中原王朝及周围各少数民族政权和睦相处，不仅保持瓜沙地区相对稳定，同时也保障了丝路畅通，促进了中原和西域佛教文化的交流，为敦煌佛教艺术继续发展创造了有利条件。曹元忠担任节度使时期（945—974），是晚唐以来瓜沙地区经济文化最为繁盛的时代，敦煌的汉化佛教直接影响了西州回鹘和于阗国的佛教。11 世纪以后，归义军政权内乱不断，沙州的回鹘势力逐渐壮大，归义军政权走向衰亡。

莫高窟鸟瞰（牛源 摄）

北宋仁宗景祐三年（1036），西夏占领了沙州。在西夏占领沙州之初，西夏主要力量集中在东部与宋、辽争战。沙州地方首领仍保持着一定的独立性，并多次向宋朝进贡。公元 1068 年以后，西夏惠宗开始加强对瓜沙二州的控制，目的是征发沙州百姓，进攻宋朝，结果使沙州更加衰落。西夏前后统治敦煌近二百年，尽管也在莫高窟、榆林窟两处修建了大批石窟，但当地的社会经济却每况愈下。随着海上丝绸之路的兴起，敦煌逐渐失去了丝路贸易中转站的地位。

从公元 1205 年开始，渐渐崛起的蒙古族开始侵入河西，到公元 1226 年攻破沙州，西夏也随之灭亡。蒙古废掉沙州的建置，把敦煌给予成吉思汗的长孙拔都作为封地。元朝建立后，忽必烈把敦煌纳入直接管辖范围。公元 1279 年元朝统一中国后，正式设沙州。后又升为沙州路总管府，下辖瓜州，隶属于甘肃行中书省。虽然元朝在此施行屯田制度，但人多地少，未能恢复敦煌昔日的光辉，沙州失去了经营西域的基地作用。公元 1292 年，元朝迁瓜沙二州之民到甘肃二州界内耕种，敦煌居民日渐稀少，一派萧条。莫高窟的营建也日渐衰落，元代以后便停止了开窟。

明朝建国后，虽然先后设立了沙州卫和罕东左卫，但很快为蒙古部落取代，后来又为吐鲁番王国占领。从明代开始，嘉峪关通哈密之路成为中原与中亚往来的干线，敦煌更失去了它在丝路上的重要作用。明嘉靖七年（1528），瓜沙居民被迁入嘉峪关内，在明政府“闭关绝贡”的主张下，封闭嘉峪关。从此，敦煌旷无建置近 200 年，成为关外荒凉之地。

清朝定都北京并在中原立足后，从康熙皇帝开始进军西北，公元1724年，雍正帝复置沙州所，之后不久升为沙州卫，雍正四年（1726），川陕总督岳钟琪奏请朝廷，从甘肃56州县移民敦煌屯田，并在党河东岸新建沙洲城，即今敦煌城。随着敦煌经济的恢复，佛教圣地莫高窟也逐渐有了烟火，开始受到人们的注意。公元1760年，改沙州卫为敦煌县，隶属安肃道。敦煌经济开始恢复。莫高窟开始被人们注意。清光绪年间发现了震惊世界的藏经洞。不幸的是，在清政府腐败无能、西方列强侵略中国的特定历史背景下，藏经洞文物发现后不久，英国人斯坦因、法国人伯希和、俄国人奥登堡等西方探险家，用欺骗的手段从王道士手中骗取大量藏经洞文物，敦煌藏经洞文物惨遭劫掠，绝大部分流散海外，造成了中国文化史上空前的浩劫 。

累世营建　众生供养

正是晚霞西照，太阳光照在了三危山上，映射出万道金光，乐僔抬头看见道道金光之间好像有许多佛像时隐时现，作为一位虔诚的佛教信徒，他坚信眼前『忽见金色，状有千佛』的奇景一定是佛祖显灵给他的提示。

一个人的邂逅

在前秦建元二年，也就是公元 366 年中国北方正处于五胡十六国的战乱纷争之中，尸横遍野，生灵涂炭，人们对和平安宁的生活充满向往。佛教在这时逐渐受到人们的欢迎，丝绸之路上时常可以见到往来中原与印度的僧侣和他们风尘仆仆的背影。

一天，有位手持锡杖、满身风尘的僧人行进在河西走廊茫茫戈壁上，这位僧人法号乐僔，是个云游四方的高僧。傍晚时分，暮色苍茫，乐僔走到三危山下的戈壁荒滩，经过长途跋涉的乐僔又累又渴，想找地方休息片刻。当时正是晚霞西照，太阳光照在了三危山上，映射出万道金光，乐僔抬头看见道道金光之间好像有许多佛像时隐时现，作为一位虔诚的佛教信徒，他坚信眼前“忽见金色，状有千佛”的奇景一定是佛祖显灵给他的提示。经历了这个神奇的景象后，乐僔停下了匆匆的脚步，他决定在三危山对面的鸣沙山断崖上开凿一个洞窟，开始在这里坐禅修行，莫高窟开凿的第一个窟就乐僔修建的用来修行的洞窟。乐僔开窟之后不久，又有一位名叫法良的禅师，从东方云游到了这里，他在乐僔所开洞窟旁又开凿了一个洞窟坐禅修行。莫高窟唐代碑文中有“自兹以后，镌造不绝”的记载，乐僔与法良禅师也都被世人尊为莫高窟创建开窟的鼻祖。此后，来到这个地方的僧侣、香客、朝拜者络绎不绝，历代佛教信徒们不断在这里苦修冥想、造像作画，在一片荒芜中开始了对极乐世界的追寻与营造，莫高窟一千多年的传奇也由此正式拉开序幕。

有种观点认为，莫高窟最早的洞窟应该是因僧人坐禅修行需要而开凿的。学者们也有推测，认为莫高窟北凉第 268 窟是崖壁上现存最早的洞窟之一。洞窟的主室只有一人的高度，一米多的宽度，南北两侧共有四个小禅窟，每个窟只能容纳一人坐下，这就是专门用来坐禅修行的禅窟。虽然学者们无法判定这是否是乐僔和尚当年开的第一个洞窟，但能够推测的是，乐僔和尚当年所开凿的也是一个禅窟。

在山崖石壁上开窟修行，本来是在古印度各种宗教流派修行的普遍方式，一是修行者为度过印度炎热的酷暑季节和漫长的雨季，另外就是寻找安静、远离嘈杂世俗的修行地。禅窟这种建筑形式也源自古印度，相传佛

三危佛光（吕爱 摄）

祖释迦牟尼当年曾在远离世俗喧嚣的石窟内思惟修行。后来，开窟造像修建石窟寺的形式随着佛教一路传到了中国。这就是为什么今天，我们能看到分布在印度、中亚地区、中国的许多地方都有石窟寺遗存的原因。

功德不绝

古代石窟的营建需要耗费大量的人力、物力和财力，那些出于宗教信仰而出资开凿石窟的人，被称为“供养人”或“功德主”。为了表示虔诚、留记功德和名垂后世，往往会在洞窟的特定位置摩画或书写上窟主及其家族亲眷、奴婢等人的肖像或名字，以示虔诚奉佛，时时供养，功德不绝。学者们通过研究藏经洞文献、洞窟中大量供养人画像及题记，知道了在莫高窟出资开凿洞窟的人来自古代社会的各个阶层。他们中间有权势显赫的官吏，甚至是皇室望族，也有普通百姓。

世居敦煌的一些豪门望族，他们实力雄厚、财大气粗，大多是以家族独自出资修建一个或几个洞窟，称为家族窟或家窟。藏经洞文献中就记

第 268 窟

第 9 窟　女供养人（临摹）　晚唐

载有阴家窟、李家窟等，有些洞窟中现在还保存有原来的题记，如莫高窟第 220 窟龛沿上保存有“翟家窟”几个字。像这种家族修建的洞窟，一般会把整个家族成员的像都绘在洞窟里，从祖父母到姊妹、兄弟、妯娌、连襟、女婿及子孙等。信仰佛教的皇帝、国王、王后、公主等，如于阗国王及王后、回鹘王及王后、回鹘公主、西夏皇帝及皇后，等等，他们往往出资开凿一些大型洞窟。王公贵族、地方官吏和戍边将士等，他们也是开窟

莫高窟外景（牛源 摄）

造像的出资者，如东阳王元荣、建平公于义、历任瓜沙节度使及军将、校尉、押衙，等等。此外，也有敦煌及河西走廊地区的佛教出家人，有僧统、寺主、法师、比丘、比丘尼等宗教职业者出资营建。

莫高窟大多数洞窟是信仰佛教的普通民众出资修建的。平民百姓财力有限，一般是以集资筹建的形式参加修建石窟及供奉佛像来表达对佛的供养之心。有以家族共同出资修建洞窟，也有结社合资造窟的，出资的成员多为下层城乡士绅、普通百姓、下层劳动者，出资者每人一像，每一身供养人像旁边有题记，写着出资人的名字。这种集资修建的洞窟，有的供养人有数十人，有的多达几百，甚至上千人。

虽然身份不同、财力不同，但他们为着共同的宗教信仰和精神追求而勠力开窟造像。千年历史如白驹过隙！当年那些凿刻绘彩苦心经营石窟的供养人早已湮没在历史的云烟中，只留下他们伟大的作品依然惊艳着世人。

艺术圣殿

敦煌莫高窟是当今世界上延续时间最长、保存规模最大、保护最为完好的佛教石窟群。因其历史悠久、规模宏大、内涵深邃、艺术精美、保存完好，享誉海内外。

敦煌石窟，是敦煌地区石窟的总称，包括敦煌市的莫高窟、西千佛洞，瓜州县的榆林窟、东千佛洞，肃北蒙古族自治县的五个庙石窟。这些石窟群虽然规模大小不同，但都属于古敦煌郡境内，且内容相同，风格相似，通常将它们统称为敦煌石窟。现总共保存有 812 个洞窟，分别为：莫高窟 735 个、西千佛洞 22 个、榆林窟 42 个、东千佛洞 7 个、五个庙石窟 6 个。

在敦煌石窟群中最重要的当属世界文化遗产——莫高窟，莫高窟位于敦煌市东南 25 公里的鸣沙山东麓，前临大泉河，东向祁连山支脉三危山。从公元 366 年开始，经历北凉、北魏、西魏、北周、隋、唐、五代、宋、西夏、元十个朝代，连续千年开窟造像不止，形成了规模宏大的石窟群。

现存历代营建的洞窟共735个，分布在1700米长的鸣沙山断崖上，分为南北两区，其中南区的492个洞窟多为礼佛窟，是古代佛教信徒礼佛场所，拥有彩塑2000多身，壁画45000多平方米，北区的243个洞窟主要有禅窟、僧房窟等，是供古代僧人坐禅修行及生活居住的场所。莫高窟的南北区结合起来就是一座规模宏大的石窟寺。

敦煌莫高窟是当今世界上延续时间最长、保存规模最大、保护最为完好的佛教石窟群。因其历史悠久、规模宏大、内涵深邃、艺术精美、保存完好，享誉海内外。敦煌石窟艺术是古代艺术家们在传统的汉晋艺术基础上，借鉴、吸收、融合了印度、波斯、希腊、中亚等外来文化艺术的营养，创造出的具有中国风格的敦煌佛教艺术，各朝代壁画表现出不同的绘画风格，反映出中国封建社会的政治经济和文化状况，是中国古代美术史的光辉篇章，为中国古代史研究提供了珍贵的形象史料，是中华优秀传统文化和文明的象征。如此灿烂辉煌的艺术长廊和千年不断的历史文明，是我国乃至世界佛教艺术之瑰宝，在中国文化史以及世界文化史上都具有重要的地位，因而被世人称为“沙漠中的美术馆”“墙壁上的博物馆”，向世人展现出一幅波澜壮阔的历史图景。

莫高窟是历史悠久的佛教圣地，现存有壁画塑像的492个洞窟中，每一个洞窟都是由建筑、壁画和彩塑三位一体的宗教场所。由于历经十个朝代千余年不间断的营建，各个时代的建筑、塑像、壁画的艺术风格不同，这就使莫高窟的每个朝代洞窟都具有不同的立体艺术呈现。

大漠美术馆

莫高窟壁画绘制的内容以佛教题材为主，兼有中国古代的神话题材和社会生活的场景，是一部形象生动美术史，同时又是中国古代社会、政治、经济、军事、文化、民族关系、中外交流等历史形象的资料宝库。莫高窟壁画内容最为丰富，也最具表现力，按绘制内容题材大致可分为本生故事画、佛传故事画、因缘故事画、佛教史迹画、经变画、神话题材图画、尊像画、说法图、供养人画、装饰图案画等类。

尊像画

尊像画是指石窟中用绘画的形式所表现的佛、菩萨、弟子、诸天神祇等形象。有的画在说法图里，有的为单独形象。按佛经里讲，佛、菩萨都是男像，但到中国之后，由于对女性之美及其温柔性格的爱慕，特别对母爱的崇敬，菩萨逐渐变为女性。到了唐代，画师们多以宫廷美女作为绘制菩萨的蓝本，充分表现慈祥、敦厚、温柔妩媚的女性美。

本生故事画

本生故事是表现佛祖释迦牟尼前生、累世修行、忍辱牺牲、救世救人等各种善行事迹的壁画。如萨埵太子舍身饲虎、尸毗王割肉贸鸽、月光王施头、九色鹿舍己救溺人、须达拏太子施象等，这些故事虽然已打上了宗教烙印，但仍保持着印度民间故事的本色。

第 276 窟　弟子与菩萨像　隋

佛传故事画

佛传故事画就是绘制释迦牟尼从入胎、出生、成长、出家、苦修、悟道、降魔、成佛、说法到涅槃的生平事迹的传记性壁画。一般多见乘象入胎、夜半逾城两个代表性场面。北朝佛传故事作横卷式六条并列，描绘八十多个场面，画风已受南朝影响。五代第 61 窟佛传故事作屏风式连屏三十三扇，画面情节自由交错，连续达一百三十多个场面，除故事出自佛经外，人物形象、衣冠服饰、礼仪制度、风土人情、建筑形式等都进行了彻底的中国化，这是当今世界上内容最丰富、保存最完整的佛教传记性连环画。

因缘故事画

因缘故事画是表现释迦牟尼成佛后度化众生种种事迹的壁画。莫高窟的因缘故事画在形式上主要有主体式单幅画和顺序式连环画两种，所画题材有须摩提女因缘、弊狗因缘、沙弥守戒自杀因缘、五百强盗成佛因缘、微妙比丘尼现身说法因缘、梵志夫妇摘花因缘等。这些因缘故事内容离奇，情节曲折，颇有戏剧性，是敦煌壁画中最引人入胜的内容。

第 254 窟　本生故事尸毗王割肉贸鸽　北魏

第 329 窟　佛传故事乘象入胎与夜半逾城　初唐

佛教史迹画

佛教史迹画是表现佛教传说与传播历史的壁画。按内容性质大体上可分为五类：（1）佛教历史画，表现佛教传播历史的画面。（2）感通故事画，以神异、灵变、感应的事迹宣传佛教，令信徒相信它的存在和真实。（3）瑞像图，表现天竺、中原、河西等地传说的“圣迹”“灵异”。其数量很多，多绘于中晚唐、五代、宋初窟内，位置在佛龛盝顶或甬道顶，形式多为单幅、单身的小型图像。（4）高僧事迹画，以某些事迹和“灵异”“神变”，附会于某些高僧以宣扬佛法。（5）佛教图经，以佛教传播的地志为题材，绘制佛教圣地。

说法图

说法图是指表现佛说法为重要内容的壁画，一般佛左右有胁侍菩萨、弟子等围绕着佛听法，背景有华盖和菩提树等画面。在莫高窟各时期的洞窟中都绘有大量的说法图壁画。

第 323 窟　佛教史迹画张骞出使西域图　初唐

神怪画

神怪画，主要是指佛教以外的神灵形象，如东王公、西王母、伏羲、女娲、青龙、白虎、朱雀、玄武、开明、飞廉、雷神、电神、方士、羽人等汉晋以来代表道家神仙思想及传统神话题材的壁画。以莫高窟第 285、249 窟四披绘画最为典型。

经变画

经变画，又称经变、变或变相。广义上说，凡依据佛经绘制的画，均可称为“变”，也就是把佛经的文字内容“变”为图画的形式；但现在所说的经变，有别于本生故事画、因缘故事画、佛传故事画和单身尊像画，通常专指将一部或几部有关佛经的主要内容组织成有始有终、主次分明的大幅画。莫高窟现存经变画 33 种，有报恩经变、福田经变、无量寿经变、阿弥陀经变、观无量寿经变、维摩诘经变、法华经变、贤愚经变、梵网经变、宝雨经变、涅槃经变、华严经变、劳度叉斗圣变、西方净土变、东方药师变、弥勒经变等。这些经变内容丰富，形式多样，是珍贵的文化遗产。

第 57 窟　说法图　初唐

第159窟　文殊变　晚唐

第322窟 说法图 初唐

第112窟　观无量寿经变（临摹）　中唐

供养人画

供养人是指因信仰某种宗教，通过提供资金、物品或劳力，制作圣像、开凿石窟、修建宗教场所等形式宣扬教义的信徒。一方面，供养人出于虔诚的宗教信仰，开窟造像祈愿功德；另一方面，开窟造像也是他们和睦亲属、昭显实力、引领区域文化方向的政治需要。敦煌石窟供养人画是指出资开窟造像的功德主的画像，包括出资营造石窟的窟主及其家族成员或结社集资修建洞窟者的画像。供养人画像不仅反映了洞窟修建时代的人物形象，而且还是研究那个时代人物、民族、服饰以及典章制度的重要资料。

装饰图案

装饰图案，莫高窟的图案画主要指洞窟壁画上的各种装饰纹样。这些图案主要被绘制在窟顶的平棋、藻井、人字披、龛楣、龛沿、四壁转角、木构建筑和经变画的两边。装饰图案随朝代变化而不断演变，种类样式非常丰富，有植物图案、动物图案、几何图案，等等。通常画工们在绘制壁画的同时，为了给洞窟画面边角部分填白，或是区别画与画之间的关系，采用了大量的装饰图案。

第 61 窟　女供养人像（临摹）　五代

第 320 窟　团花藻井（临摹）　盛唐

第 369 窟　团龙鹦鹉藻井（临摹）　西夏

第126窟　莲花童子藻井（临摹）　盛唐

第209窟　葡萄石榴藻井（临摹）　初唐

巧夺天工的敦煌彩塑

莫高窟彩塑的种类主要有：（1）佛陀像，包括释迦牟尼佛、弥勒佛、药师佛、阿弥陀佛以及三世佛、七世佛等；（2）菩萨像，包括观音菩萨、文殊菩萨、普贤菩萨及供养菩萨等；（3）佛弟子像，包括迦叶、阿难以及罗汉像等；（4）护法神像，包括天王、力士、鬼神、神兽等动物塑像。按彩塑形式有圆塑、浮塑、影塑、善业泥等，最大的是高 35.5 米的世界第四大佛——莫高窟第 96 窟北大像，最小的为十余厘米的影塑。

佛陀像

佛是音译佛陀的简称，意译为“觉者”；按佛教的说法就是大彻大悟觉行圆满的意思，乃佛教修行中的最高境界。小乘佛教徒认为，只有教主释迦牟尼才达到了这种境界，所以只有释迦牟尼可称为佛；而大乘佛教则认为，凡是能“自觉”“觉他”“觉行圆满”者皆可称佛。在莫高窟中，每一窟内都有佛像供养，并多居于主位。其艺术造型为身披袈裟，头有肉髻，耳长及肩，眉间有白毫，指间有蹼，手印随说法、降魔、苦修、

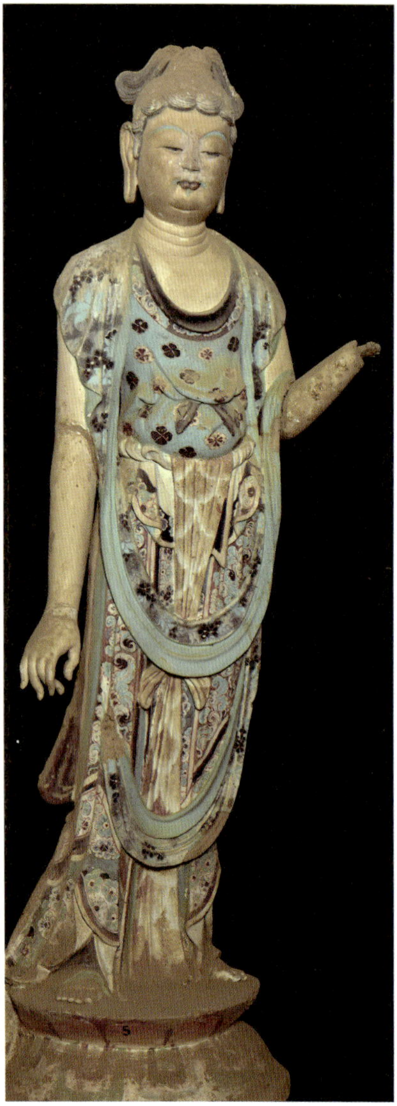

第 194 窟　菩萨像　盛唐

第259窟　禅定佛　北魏

第 196 窟　菩萨像　晚唐

禅定等不同内容而不同。根据姿态来划分，有立、结跏坐、半跏坐、交脚坐、并坐、倚坐、侧卧等姿态。早期洞窟多为交脚弥勒，南北朝时期多为释迦佛说法、降魔、苦修、禅定，释迦、多宝二佛并坐说法与卢舍那佛等形象。隋唐以后，则增加了三世佛、三身佛、阿弥陀佛、药师佛、倚坐弥勒佛、释迦涅槃等多种形象。

菩萨像

菩萨是梵文音译“菩提萨埵”的略称，意为“觉有情”“道众生”“道心众生”。以解脱众生苦难为己任、修持大乘六度、求无上菩提（觉悟），在未来成就佛果的修行者都可以被称为菩萨。鉴于菩萨以普度众生为修行的最终目的，莫高窟中的菩萨往往是神态安详、肌肤丰润、衣着飘逸、超凡脱俗的形象。菩萨本为男性，但为了表现菩萨以慈悲为怀，彩塑的菩萨多以女性的婀娜多姿与温柔善良来表现。从十六国到元代，彩塑菩萨似乎也经历了年龄的变化，十六国时期的菩萨多为十一二岁的少女形象，到了北周时期就发展成十五六岁年轻女子的形象，再到唐代变成风韵成熟的贵妇形象。

弟子像

按字面的意思讲，跟从师父接受教导的人都可以称为弟子。这里的弟子指佛教中那些通过听从佛的教导，进而自我修行，最终达到自我觉悟，解脱生死轮回的修行者。与菩萨不同的是，弟子不能超度他人，只能解脱自己，其最高果位是罗汉。就塑像而论，弟子多以比丘的形象出现。

第 328 窟　塑像　盛唐

第 254 窟　交脚弥勒菩萨塑像　北魏

在莫高窟，释迦佛左右两侧作为侍者出现的比丘通常是迦叶和阿难二位弟子。敦煌的弟子画像出现得很早，如十六国时期的第272窟，但北魏时期无此题材，北周又重新出现了塑、画的弟子像。隋唐多绘塑结合进行表现，以表现十大弟子（佛祖释迦牟尼门徒中十位学有所成的人）为主，多是塑二而绘八。五代以后的洞窟则是将弟子都付诸绘画，并有榜题保存至今。

天王像

佛教传说中，须弥山的山腰有一座名叫犍陀罗的山，山上有四峰，每峰上有一王居住，护一天下，称为四大天王。东方持国天王，身为白色，手抱琵琶；南方增长天王，身为青身，手持宝剑；西方广目天王，身为红色，手上绕一龙，北方多闻天王，身为绿色，手持宝伞。在莫高窟彩塑中，中唐以后天王像多有表现，也常常和力士并列出现；归义军时期的洞窟中多于窟顶四角画四大天王，表示护持四方之意。

力士像

力士是佛教中的护法神，多指对称守护于两侧的佛教护法二天神，也就是俗称的“哼哈二将”。莫高窟的此类塑像多是长发绾髻、袒裸上身、筋骨暴起、腰系战裙的凶狠形象。

禅僧、高僧像

“禅”源于梵语，中国古代将其译为“思惟修”，就是将散乱的心念集中，进行冥想。禅僧就是坐禅修行的僧人，坐禅冥想也是早期佛教僧侣进行修行实践的主要方式。莫高窟所存的禅僧像都是佛弟子进行修禅的塑

第 159 窟　天王像　中唐

第 194 窟　力士像　盛唐

第 45 窟　阿难像　盛唐

像。北凉第 272 窟外门南北两龛（门北之龛编为第 273 窟）的两身和西魏第 285 窟主室正壁南北两侧龛的两身是其代表。此四身禅僧像均置于仅能容身的小龛内，用以表示在山林岩窟禅修。修禅的僧人以袈裟缠身裹头，姿势为禅坐，即结跏趺坐，两手相叠作禅定印，体现出了禅修时的凝神摒虑，冥思入定的心境。

敦煌建筑

敦煌石窟建筑包括四个部分：（1）石窟形制，石窟本身就是具有立体空间的建筑，根据洞窟功能和建筑形制的不同，分为禅窟、中心柱窟、殿堂窟。（2）木构建筑，莫高窟现存唐、五代、北宋时期的殿堂式窟檐，以及后来修建的九层楼、三层楼、大牌坊、小牌坊等。（3）各个时期壁画中的建筑画内容非常丰富，有宫殿、寺院、城池、民居、茅巷、野店等。（4）莫高窟附近现存的十多座古塔，如慈氏塔、成城湾华塔以及天王堂等。这些遗存就是一部中国建筑史。

禅窟

禅窟，供僧人禅行的洞窟。此类洞窟由印度毗诃罗窟发展变化而成，禅窟主室为长方形或方形，正壁开龛塑像，供修行者（坐禅者）观像之用，左右两侧壁各开两个或四个仅能容身的斗室，修行者在内坐禅修行。窟顶为平顶或覆斗顶（其形如同倒置的量米之斗）。最初禅窟内素壁无画，后来窟内壁面与窟顶均绘壁画。如莫高窟北凉第 268 窟、西魏第 285 窟。

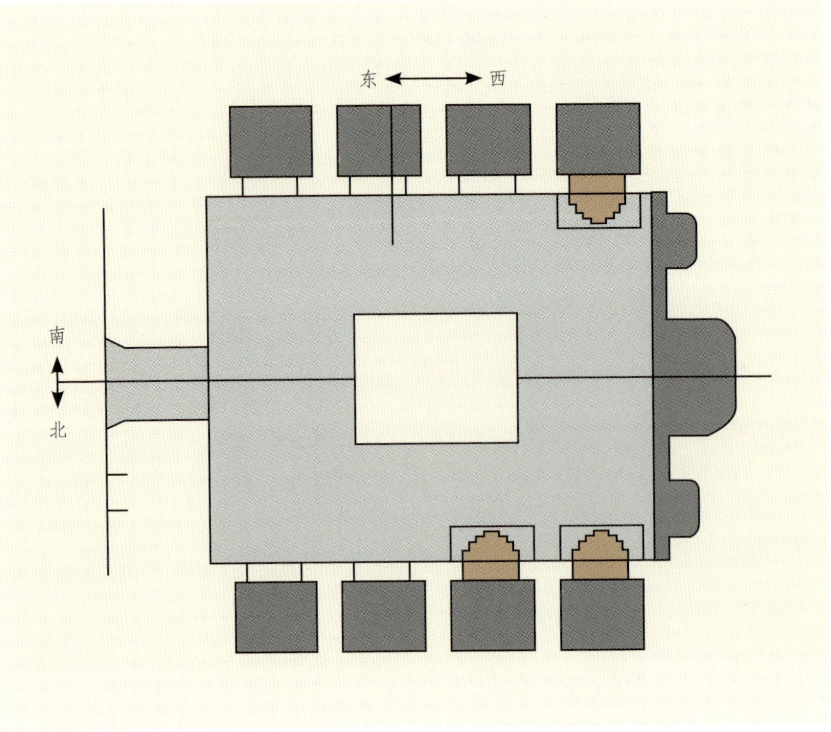

第 285 窟　禅窟平面图

中心塔柱窟

中心塔柱窟，也称中心方柱窟、塔庙窟。其形式为主室平面长方形，中央偏后凿出连接窟顶与地面的方形塔柱，柱的四面开龛塑像，以供修行者绕塔观像与礼佛。这是源自印度的一种石窟形制，在印度称为“支提”。印度的支提窟多为瘦长的马蹄形，窟顶呈纵券状，在窟内半圆形部分中央凿出圆形覆钵塔，这种建筑形式随佛教传入西域的龟兹石窟中，圆形塔变为上接窟顶的中心方柱。龟兹石窟的塔庙窟只在中心方柱正面开龛，窟顶多为圆券形。这种洞窟形制再向东传到敦煌以后，加入了汉式仿木结构的人字披和平棋顶，形成了有敦煌特色的中心塔柱窟，是莫高窟北朝时期洞窟的典型窟型。

第 254 窟　中心塔柱窟　北魏

殿堂窟

殿堂窟，为修行者礼佛的场所。其形式受到中国传统殿堂建筑的影响，主室平面方形，正壁开龛塑像，或仅塑像而无龛，洞窟的其余三壁大都绘壁画，也有个别洞窟在两侧壁上部列龛塑像，窟顶为覆斗顶或人字披顶。如北凉第 275 窟、西魏第 249 窟等。

覆斗顶窟

覆斗顶窟，又称倒斗形窟，洞窟平面大多为正方形，洞窟顶部像一个倒扣的斗而得名。这种洞窟最早出现于莫高窟北凉时期，隋唐洞窟多是这种形式。覆斗顶洞窟内空间开阔，一般是佛教信徒聚众讲经和礼佛的场所。在敦煌石窟营建过程中，这是从早期到晚期莫高窟最流行的一种石窟形制。

这种洞窟大多在正壁开龛，龛内有塑佛与菩萨像若干，窟顶中心绘华丽的藻井图案，四披绘千佛或装饰图案。

中心佛坛窟

中心佛坛窟，是莫高窟新出现的洞窟形制。它是由覆斗顶殿堂式窟演变而来的一种洞窟类型，在主室中央凿出马蹄形佛坛，佛坛后部有上接覆斗形窟顶的背屏，佛坛上塑佛、菩萨、弟子、天王及力士塑像，佛坛四周与四壁之间留有通道，信徒们可围绕中心佛坛右旋礼佛观像。如第 196 窟、第 98 窟、第 61 窟等。

大像窟

大像窟，又称大佛窟，以在洞窟内凿、塑巨大的弥勒佛像而得名。莫高窟有两个大像窟，俗称为北大像和南大像，即第 96 窟和第 130 窟。两座大像神态安详，庄严肃穆，窟前的明窗可透进光线，使大像的形象十分醒目。这些大像的制作都是从窟前和窟顶两处动工，依崖凿造出大像

第 272 窟　殿堂窟　北凉

第 244 窟　覆斗顶窟　隋

第55窟　中心佛坛殿堂窟　宋

第 130 窟　大像窟　盛唐

的石胎和窟内的空间，然后在大像身上敷泥、彩绘。如第 96 窟、第 130 窟。

涅槃窟

涅槃窟，因佛涅槃像而得名，俗称卧佛窟、睡佛窟。涅槃窟主室呈横长方形，正壁有横贯整窟的佛床。洞窟整体形状就像一口巨大的棺材，主尊释迦牟尼佛侧卧于正壁佛床之上。主要体现的是佛祖释迦牟尼佛八十岁时，肉身寂灭进入涅槃时的情景。如第 148 窟、第 158 窟。

影窟

影窟，又称影堂、影室，指绘塑高僧真容的纪念性洞窟。影窟一般是属于主窟的一个小洞窟，位于主窟前室或甬道两侧，莫高窟现存影窟有第 17、137、139、174、357、364 和 443 窟等 7 个洞窟，时代从中唐到五代、

第 148 窟　涅槃窟　盛唐

宋。影窟的规模一般不大，洞窟面积大的不过七八平方米，小的一平方米左右，平面均近似方形，顶部有覆斗顶、平顶及盝形顶，正壁绘塑高僧像，其余壁面绘经行图或侍者、菩萨等壁画。其代表窟为第 17 窟，即藏经洞，就是吐蕃和归义军时期名僧洪䛒的影窟。

僧房窟、瘗窟、廪窟

僧房窟是供僧人生活起居用的洞窟。莫高窟现存的僧房窟主要分布在北区，共有 64 个，南区仅存两窟，即第 488、489 窟。这种洞窟大小不一，多数为单室，平面呈方形或长方形。洞窟内有灶、炕等。此外，有不少僧房窟附设禅窟，兼有生活起居和修禅的功能。

瘗窟是用来埋葬僧俗佛教信徒的洞窟，类似于墓葬。在莫高窟北区发现了 23 个这样的洞窟，是敦煌石窟考古重大发现之一。此类洞窟形制多样，有的类似于禅窟，有的本身就是由禅窟、僧房窟改造而成，还有的类似于崖墓。洞窟口都用土坯和石块封闭，窟内设有陈放死者的棺床。

廪窟就是用来存放物品的仓库窟，一般是由其他洞窟改造而成。窟内有用土坯砌成的方格，用于分类放置物品。此类窟多见于莫高窟北区。

慈氏塔

慈氏塔，是供奉弥勒菩萨之塔，“慈氏”即弥勒。塔为土木结构八边形小型单层塔，塔身用土坯砌筑，塔中部方形小室正面绘弥勒菩萨像，左右两侧面画文殊和普贤菩萨像，塔身正面门额上有墨书“慈氏之塔”。八边形塔身正面各绘有天王像一身，四边各有天王塑像一身，塔基一周镶有龙砖和凤砖，塔身外有木檐一周，八边形檐柱八根，柱上有斗拱，檐下有木椽一周，上有八角攒尖塔顶及宝瓶形塔刹，塔高约 5 米。此塔小巧玲珑，形制古朴，比例适度，是敦煌地区保存较完好的古建筑实物之一。关于慈氏塔的时代，有学者推断为宋代，也有学者认为建于西夏时期。此塔原本建在距离莫高窟 15 公里三危山中的老君堂附近。为了便于保护文物，1981 年，敦煌文物研究所把慈氏塔整体搬迁到莫高窟前的园林中。如今参观莫高窟的观众路过美术馆前的小广场时，就可以看到绿树园林之中这座古色古香、庄重典雅的古建小品。

成城湾华塔

成城湾华塔位于大泉河上游距莫高窟约 2.5 公里河谷南岸的山岗上，这个地方被称为成城湾。成城湾现存一座古代小城堡，华塔位于古堡旁边的山岗上。华塔塔身由土坯砌成，平面呈八角形，高约 9 米。塔基底部为基石，上叠两层须弥座，须弥座下部有覆莲。上层须弥座以上有浮塑覆莲、联珠纹及仰莲，上又有一层覆莲作塔身的基脚。塔上所有的拱，包括人字拱都浮塑成变形卷草纹。塔身西面为正面，开一圆券形门， 塔内有一小方室，穹窿顶，其他三壁有残留壁画痕迹。塔身其余三面砌圆券形假门，门旁边均塑有束莲门柱、火焰形门楣及左右升龙捧宝珠等。塔顶塑莲瓣七层，下层莲瓣较大，向上逐渐缩小，莲瓣上有八角石座承托小方塔一座。此塔造型浑厚朴实，表面泥壁精美细致，是莫高窟附近现存古代佛塔中的精品。关于华塔的建造时代，有专家推断为宋代修建。

慈氏塔　宋（梁旭澍　摄）

成城湾华塔　宋（梁旭澍　摄）

震惊世界的大发现

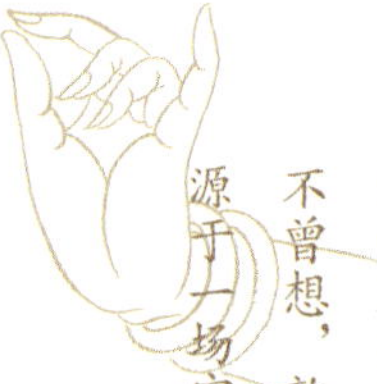

敦煌，这个世界文化交流的十字路口，曾经无比辉煌。然而，时光流转，清末的敦煌已被抛弃在茫茫大漠之中，它的名字已不为大多数中国人所知。不曾想，敦煌的再次蜚声海内外，却源于一场空前的文化浩劫。

发现藏经洞

公元 1900 年，在古老的中国，发生了两件中华民族历史上堪称耻辱的大事。一件是八国联军入侵北京，慈禧太后和光绪皇帝仓皇逃难，北京城陷落；另一件就是敦煌藏经洞被发现后大量文物的被盗流失。

敦煌曾是丝绸之路上繁荣的国际都会之一，由于历史和自然的原因，15 世纪以后，敦煌由盛而衰。特别是明朝把敦煌弃置于嘉峪关之外，经河西走廊通向西域的道路也改从嘉峪关到哈密，敦煌地区日益荒凉，甚至成为吐鲁番牧民放牧的场所。汉唐时代曾是丝路重镇的敦煌，早已失去了昔日的荣光，世人也渐渐淡忘了莫高窟这一佛教圣地的存在。到了 19 世

王圆箓

纪末，曾经神圣的艺术殿堂呈现出一派萧条破败的景象，莫高窟遭遇了自然和人为的双重破坏，由于鸣沙山的崖壁坍塌，原来的窟檐、窟门及栈道损毁殆尽，绝大多数洞窟都暴露在断崖上，底层的许多洞窟被沙石埋没。数百座石窟中精美的壁画和雕塑，任凭日日夜夜的风沙吹拂，流沙掩埋、塑像倾倒、壁画脱落，这时的莫高窟断壁残垣，破败不堪。

莫高窟外，大泉河对面，错落地分布着几座墓塔。其中有一座道教徒的墓塔，它的主人，叫王圆箓。“沙出，壁裂一孔，仿佛有光，破壁，则有小洞，豁然开朗，内藏唐经万卷，古物多名，见者惊为奇观，闻者传为神物。”王道士的墓志上这样写道。

王道士本是湖北麻城人，早年读过些书、当过兵，清光绪年间云游到敦煌，和几个不太会汉语的喇嘛暂时看管着莫高窟。王道士虽然是道教徒，但他对莫高窟佛窟的看护也很有诚心，自己的生活过得十分简朴，每日清理洞窟沙石、供奉香火，化缘得到的银两大都用于修复洞窟和神像

藏经洞（第 17 窟）

等功德。他还把一些佛像改造成道教的灵官，还把一些洞窟间的隔墙打通，以便香客上下往来。诚然，他所做的这些所谓的善事，现在看来对洞窟塑像及壁画均造成了很大的破坏。

王道士居住的下寺附近有一个大洞窟（即第16窟），位置处于崖体底层，洞窟入口已经被风从山顶上刮下来的流沙埋没，洞窟甬道里堆满沙子。王道士雇了几个伙计，花了很大气力清除长年堆积在这个洞窟甬道的积沙。之后，王道士在这个大洞窟里摆了香案，请当地一位上了年纪的书生杨清河为他抄写道经，当地人称杨清河为杨师爷。

一天，杨师爷在抄写完一卷经休息时，装了一锅旱烟后拿起一根芨芨草点着烟，然后想把芨芨草插到洞窟甬道墙壁上的裂缝中留着下次再用，结果发现缝隙似乎很深，挺长的一根芨芨草居然插不到底，杨师爷觉得纳闷，抽完旱烟后就用烟锅头敲了几下墙壁听起来像是空的，杨师爷就把这个情况告诉了王道士。王道士听了心里一惊，但他还是不露声色。到了晚上夜深人静的时候，王道士端着一盏小油灯来到这个洞窟里仔细查看，这才发现洞窟甬道壁画上的裂缝呈现出一个小门的轮廓。其实这是原来甬道墙壁被堆积的流沙埋没太久，由于洞窟处于最底层地面泛潮致使甬道墙壁也受潮，堆积的流沙被清除，过了一段时间受潮的墙面风干以后就会裂缝。

王道士揭开墙上的壁画，取掉封堵洞口的土坯后才发现里面是一个密室，借助微弱的清油灯光，他逐渐看清了里面堆着满满的经卷、文书、绢画、法器等，在这阴冷且散发着尘土气息的洞窟前，他一时不知所措，只有不断加速的心跳……

这一天是清光绪二十六年（1900）五月二十六日。

就在这一年，八国联军经天津攻入北京，一路烧杀抢掠。慈禧太后带着光绪皇帝逃往西安。第二年，腐败的清政府被迫与西方列强订立了丧权辱国的《辛丑条约》，就是在这个不幸的时代，举世闻名的藏经洞在偶然中被发现，正逢中国沦为半殖民地半封建社会之时，帝国主义国家“全部盯着衰落的中国”，纷纷在中国划分势力范围。在这样的历史背景下，西方探险者纷至沓来，大肆进行文化侵略。

藏经洞被发现后，王道士作为一个道教信徒，却全身心地投入到莫高窟的修复工作中，力图使它恢复昔日的辉煌。诚然，王道士仅仅知道经卷是极珍贵的东西，却无从取舍它们各自价值的大小，但他却为此四处奔波，苦口劝募，他向各级官员求助却始终没有得到重视，后来不得不冒死向慈禧上书。但在大清王朝内外交困、风雨飘摇的情形下，结果可想而知。

学术之伤心史

敦者，大也，煌者，盛也。敦煌，这个世界文化交流的十字路口，曾经无比辉煌。然而，时光流转，清末的敦煌已被抛弃在茫茫大漠之中，它的名字已不为大多数中国人所知。不曾想，敦煌的再次蜚声海内外，却源于一场空前的文化浩劫。

19 世纪，来自西方的探险家们足迹遍布世界各地，在当时探险是一

斯坦因（Mare Auerl stein，1862-1943）

门新兴的职业，千辛万苦过后往往是名利双收。敦煌藏经洞发现之际正逢中国沦为半殖民地半封建社会之时，西方列强纷纷做起了瓜分中国的美梦，古代遗存丰富的中国西北自然成为西方探险家关注的焦点。英国人斯坦因便是其中一位。斯坦因是英籍匈牙利犹太人，自幼精通德语， 还懂拉丁语、希腊语、法语、英语、梵语、波斯语等多种语言，会说突厥语。他在大学专攻中亚史、印度史和波斯史，学习过地理的测量与绘图，也涉猎东方语言学和考古学。1887 年至英属印度，在英国和印度政府的支持下，先后进行三次中亚探险。第一次中亚探险 (1900—1901) 主要发掘和田地区和尼雅的古代遗址。这次探险结束后，他回到德国，从匈牙利地质调查所所长洛克齐的一次学术报告中第一次听到了“敦煌”，据说那里有大量精美绝伦的壁画和雕像。此时，已有不少国家的探险队都争先恐后地从新疆的佛窟与废圮的寺庙中割取美丽的壁画，可是还没有多少人知道敦煌，他第二次雄心勃勃的中国之行自然来得很快。

1906 年，斯坦因从印度启程，翻越帕米尔高原，

斯坦因探险队一行

沿途雇用了一位汉族人蒋孝琬作为翻译和向导，徐徐向敦煌而来。1907年3月12日，斯坦因第二次中国探险队到达敦煌。当时他还不知道莫高窟发现藏经洞一事，只是想考察一下莫高窟。在敦煌县城，斯坦因听说了藏经洞发现遗书消息后，便急不可待想到莫高窟探访。几经周折，斯坦因终于见到了藏经洞和看守人王道士，通过短暂接触，他发现这个脸颊上有着深深皱纹的王道士非常警惕，处事老到，精明狡诈，很难对付，并且堵死了藏经洞。为了不招惹百姓与官府的注意，他们在莫高窟附近树林里搭起一座帐篷住了下来，一切与王道士打交道的事全由蒋孝琬出面去办。斯坦因和蒋孝琬发现王道士根本不懂佛学，对佛教也知之甚少，但是对唐代高僧玄奘九死一生奔赴印度取经的精神却十分敬仰。于是斯坦因便谎称自己也是玄奘的一个追随和崇拜者，他从印度千辛万苦，翻山越岭，跋涉万

1907 年斯坦因拍摄第 16 窟甬道堆放的经卷

里，到过许多当年玄奘朝拜过的佛教寺院，就是为了寻找当年玄奘从印度带回来的那些经卷，完成玄奘交给他的一项神圣使命，可是他的诚心和心愿没人理解。斯坦因的计谋果然奏效，这个荒谬的故事居然赢得了王道士的信任。最终，王圆箓为斯坦因打开了藏经洞，在微弱的灯光下，一部浩瀚的文明史徐徐展开……

这次，斯坦因用七个晚上的时间翻检了藏经洞的经书，花了四块马蹄银与王圆箓达成了交易：24 箱敦煌写经卷本、5 箱绢画和丝织品及其他一些美术品。最后，斯坦因率领由五辆大车和一批骆驼、马匹组成的驮运队伍，满载而归。

法国人伯希和也嗅到了来自敦煌的味道。伯希和早年在法国政治科学学院、东方语言学院等处学习，1899 年在越南的河内学习。在 22 岁时，他在汉学方面的天才表现和特殊贡献使他受聘为法兰西远东学院的教授。与斯坦因一样，伯希和是一位语言天才，会十多种东方语言。1900 年 2 月，伯希和被派来北京，为法国远东学院购买中国古籍和文物。当时正值八国联军入侵北京的混乱时期，伯希和在北京搜得了一批中国古籍和文物。1906 年，伯希和率领的法国西域科考探险团来到中国新疆地区，他们先后获取了一批梵文和龟兹文写本、龟兹文木简以及印玺、古钱等珍贵的文物。伯希和原本只是打算结束吐鲁番的考察计划之后，顺便前往敦煌拍摄照片，对于敦煌发现藏经洞的消息一无所知。1908 年 2 月初，伯希和在乌鲁木齐休整时，一个偶然机会，伯希和听到一位被流放的官员说起藏经洞的消息后，马上决定放弃吐鲁番的考察计划，立刻动身前往敦煌。

伯希和在藏经洞内挑选经卷

伯希和率领的法国西域科考探险团一行，于 1908 年 2 月 12 日抵达敦煌莫高窟，伯希和能讲流利的汉语，很快取得了王道士的信任，得到了王道士的允许，如愿以偿地进到了藏经

1908 年伯希和拍摄的古汉桥

洞里面。由于伯希和通晓汉语，具有深厚的汉学功底，深谙中国古典文献，当他在藏经洞内看到那些卷帙浩繁的古代写本时完全被震惊了。面对已经被斯坦因挑选过的经卷，伯希和心有不甘，为了挑选精品，他夜以继日，整整用了三个星期，以每天一千卷的速度迅速翻看了藏经洞中的每一部经卷，甚至每一片纸。最后挑选出其中最有价值的文献和绢画等艺术品。此后伯希和多次与王圆箓密谈，使尽手段进行利诱。在伯希和承诺保守秘密的前提下，以 500 两白银的价钱，从王道士手中骗走 6000 多卷精品经卷，

200余幅绢画，并且在莫高窟盗掘了大量文物。1908年5月28日，伯希和带着装满文物的10个大木箱浩浩荡荡地离开了敦煌。

在莫高窟期间，伯希和考察团对莫高窟进行了有史以来首次全面而详细的考察活动，包括对洞窟内外景进行了第一次系统的摄影记录。他和摄影师努埃特拍摄了440张玻璃干版和胶片，还对莫高窟所有洞窟进行编号、测量、拍照，并抄录各种文字题记，对大部分洞窟做了详细的文字记录。这批档案资料现藏于法国国家图书馆和法国吉美博物馆。

1909年秋，伯希和盗走敦煌遗书后的第二年，他又一次来中国为法国远东学院购书，并带来一些敦煌藏经洞写本精品。1909年9月4日，北京的六国饭店，在京的学界名人几乎全都参加了招待伯希和的宴会。会上伯希和将他随身携带的一箱敦煌写本精品公开展示给在场的人，并坦言了这些宝物的由来。他的这番话使得著名学者罗振玉、蒋斧、王任俊、董康等人震惊不已，中国学者们看到了法国人伯希和从敦煌得到的极其珍贵罕见的六朝隋唐古写本。这件事在整个北京学术界引起了轰动。后来，罗振玉在苏州胡同正式拜访了伯希和，当他得知敦煌莫高窟还存有大量古代卷本写本，至少还有六朝和唐宋写本数千件时，在全国惊呼“国宝遭劫”的声浪中，很快上书清政府学部，请学部发电给陕甘总督毛实君，托他将剩余敦煌经卷购送学部。罗振玉亲自拟好了电文，致电陕甘总督封存藏经洞内劫余古物，严禁外运。直到这时，中国学术界才知道敦煌发现了藏经洞，而此时藏经洞内的珍贵遗书已所剩无几。

伯希和考察队在莫高窟

宣统二年（1910），清政府正式拨款库银6000两，命令甘肃学台将藏经洞中剩余经卷全部运到京城。在藏经洞文物运往京城途中，又遭沿途各地大小官吏的巧取豪夺，最后移交到京师图书馆时只剩下18箱，其中不少都是残卷。

1911年，由橘瑞超和吉川小一郎组成的日本大谷光瑞探险队继英国人斯坦因、法国人伯希和之后来到敦煌。大谷探险队的活动近似于私人性质，是来到敦煌的外国探险队中唯一有佛教徒的团队，大谷探险队领队是日本西本愿寺法主大谷光瑞，其财政方面的基础是依靠日本佛教信徒的布施。

1911 年 10 月 5 日，吉川小一郎先到达敦煌，橘瑞超在得到吉川的消息后也向敦煌进发，并于 1912 年 1 月 26 日到达。他们从王道士及其他途径获取了一些藏经洞的文书及部分碑文拓片。日本大谷探险队的三次中亚考察活动，与其他各国探险队、考察团不同，其成员并非学者，对考古学也不甚了解。他们所发掘的东西没有很好的记录，也不是科学发掘所得，很大程度上是以盗宝为目的进行的，对我国文物古迹造成了严重的破坏。

奥登堡（1863–1934）

日本人走了之后，1914 年俄国人奥登堡带领考察队到莫高窟。奥登堡考察队更加专业，考察队成员有摄影师、画家、矿业工程师、地形测绘员、民族学家、翻译人员以及十多个工人和哈萨克族向导。他们来到敦煌后，对敦煌石窟、壁画、彩塑等进行了详细的摄影、测量、挖掘、记录等工作。

奥登堡考察队装载盗掘文物的驼队

奥登堡考察队合影

他们第一次绘制了莫高窟南北二区的平面图，清理了很少有人注意的北区石窟。第二年，他们启程回国，带着装满了几大车的文物。这些文物包括他们从石窟窟壁上盗取的壁画、几十身彩塑，以及从敦煌当地人手中收买的文书，有他们绘制的 443 个石窟平面图和拍摄的 2000 多张照片。现在这些文物和资料保存在俄罗斯圣彼得堡东方学研究所和艾尔米塔什博物馆。

1924 年，哈佛大学考古调查团来到了敦煌。他们的成员是哈佛大学福格艺术博物馆的兰登·华尔纳、宾夕法尼亚博物馆的霍勒斯·杰福、翻译王近仁和四辆马车。当他们来到敦煌时，藏经洞内早已空无一物。但是华尔纳还是被洞窟内精美的壁画和彩塑惊得目瞪口呆。他给了王道士一些礼物，王道士便任其用胶水和纱布粘走了第 320 窟、第 323 窟、第 329 窟、第 335 窟的十多方壁画。后来，华尔纳花了些银两买通了王道士，又从莫高窟第 328 窟盗走一尊盛唐时期供养菩萨彩塑。这些被劫掠的艺术珍品现保存在哈佛大学福格艺术博物馆。1925 年，臭名昭著的文物盗窃

华尔纳（1881–1955）

第 320 窟南壁中央被华尔纳粘掉的壁画

犯华尔纳经过充分准备，再次来到敦煌莫高窟，图谋大规模剥离敦煌壁画，其中计划要把莫高窟第 285 窟的西魏壁画全部粘走，带到美国复原，后来他的这一阴谋被敦煌当地民众阻止，未能得逞。

敦煌，是一个既值得骄傲又深感痛心的词。在莫高窟蒙受屈辱的岁月里，除了西方所谓探险者的疯狂掠夺外，中国一些地方官员的愚昧无知、

华尔纳盗走的第328窟供养菩萨塑像

腐败无能，间接加剧了莫高窟文物的毁损，一些略懂一二的官员也是以权谋私、暗中盗窃。更有甚者，莫高窟竟然一度被辟为战俘收容所，收容那些流窜逃亡来华、作乱失败被俘的白俄残部，他们在莫高窟中胡作非为，使得莫高窟中的文物遭到了毁灭性的破坏……被掠夺至境外的大量敦煌文物，成就了一门国际显学——敦煌学。曾经，“敦煌在中国，敦煌学在国外”的局面刺痛着每个中国学者的心，史学大师陈寅恪先生哀叹：“敦煌者，吾国学术之伤心史也。”

浩如烟海的文献宝库

1900 年 6 月 22 日，道士王圆箓偶然发现了藏经洞，惊现了公元 4 至 11 世纪的佛教经卷、社会文书、刺绣、绢画、法器等文物 6 万余件。

藏经洞出土的文书以佛教典籍为主，还有道教、祆教、摩尼教、景教的典籍，除了宗教典籍外，还有大量社会文书，包括经、史、子、集及官府文牒、籍薄、账册、寺院文书等。文字大部分为汉文，也有佉卢文、粟特文、突厥文、梵文、吐蕃文、于阗文、回鹘文等文字的写本。内容涉及天文、历法、医学、算学、经济、政治、文学、历史、地理、宗教、民族、社会、民俗、语言、文字、书法、音乐、舞蹈、俗讲、曲词、诗赋、阴阳占卜等。这些文献已成为古代丝绸之路多种文明融合的重要依据和研究资料，部分文书是传统文献中不可多见的资料，价值尤为珍贵。敦煌藏经洞文书的发现，为研究中国及中亚的历史、地理、宗教、经济、政治、民族、语言、文学、艺术、科技等方面提供了数量极其巨大、内容极为丰富的珍贵资料，被誉为"石窟中的图书馆""中古时代的百科全书"。

藏经洞文献中，大约百分之九十是佛教文献。现存敦煌佛经中最早的写卷是日本中村不折所藏的《譬喻经》，该经末尾有题记写着："甘露元年三月十七日于酒泉城内斋丛中写讫。""甘露元年"即前秦甘露元年(359)，这也是藏经洞文献的最早纪年。佛教经典中，经、律、论三类经典应有尽有，而最有价值的则是禅宗经典和三阶教经典。敦煌文献中还发现了迄今为止最早的《六祖坛经》，与宋代以后的《坛经》多有不同，这对于了解

《引路菩萨图》 唐（现藏大英博物馆）

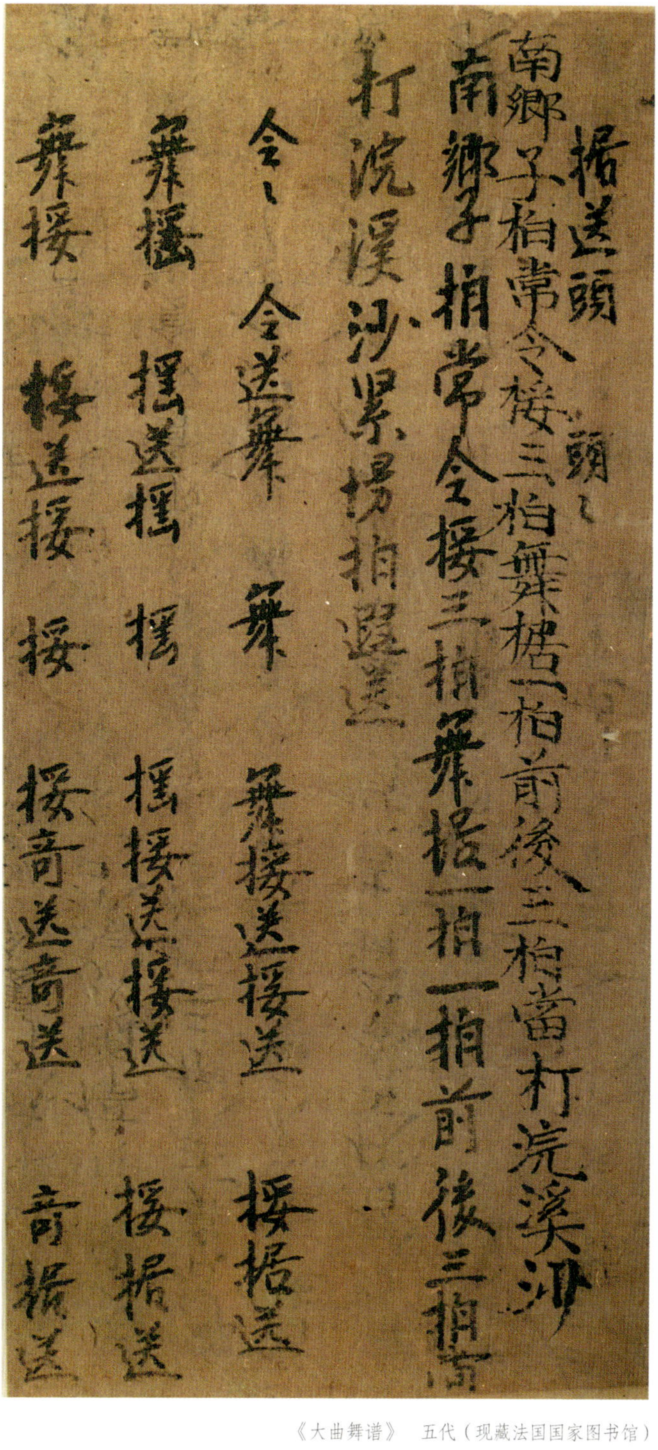

《大曲舞谱》 五代（现藏法国国家图书馆）

《携虎行脚僧图》　唐（现藏法国吉美博物馆）

慧能大师禅宗思想的形成十分重要。敦煌文献中也保存了不少三阶教经典，如《三阶佛法》《三阶佛法密记》《佛说示所犯者法镜经》《三界佛法发愿法》等，这些经典的发现为佛教发展史的研究增添了新的资料。

敦煌文献中的梵文、古藏文、回鹘文、于阗文、吐火罗文及与汉文对照的佛经，对摸清汉译佛经的来源以及考证佛经原文意义的作用很大。敦煌文献中各类佛经的目录也不少。敦煌文献中还有一批寺院文书，其中包括寺院财产账目、僧尼名籍、事务公文、法事记录以及施入疏、斋文、愿文、燃灯文、临圹文等，是研究敦煌地区佛教发展不可多得的材料。

敦煌是古代佛教圣地，道教的发展远不如佛教，但在唐朝前期，由于统治者推崇老子，道教一度兴盛起来，因而，在敦煌文献中也保存了为数不少的道教典籍。敦煌文献中的道教经卷约有 500 号，主要为初唐至盛唐的写本，其中有道教经典《老子道德经》《老子化胡经》。《老子道德经》现在被翻译成多国文字广为流传。纸质优良、书法工整、品式考究则是敦煌道教文献的一大特色。除佛教、道教文献外，藏经洞中还发现了其他宗教的文献，比如基督教分出的一支叫聂斯托利派，传到中国叫景教，是唐太宗贞观年间传入中国的，景教的汉译经典《大秦景教三威蒙度赞》，是景教信徒在举行宗教仪式时唱颂的赞美诗。此外，还有祆教的图像资料，祆教也叫火祆教，即琐罗亚斯德教，该教认为世界由善、恶两神创造，视圣火为最高善神的化身，所以又被称为拜火教。另外还发现有摩尼教唐代写经《摩尼光佛教法仪略》，这是摩尼教徒奉唐玄宗之命，介绍该教起源、

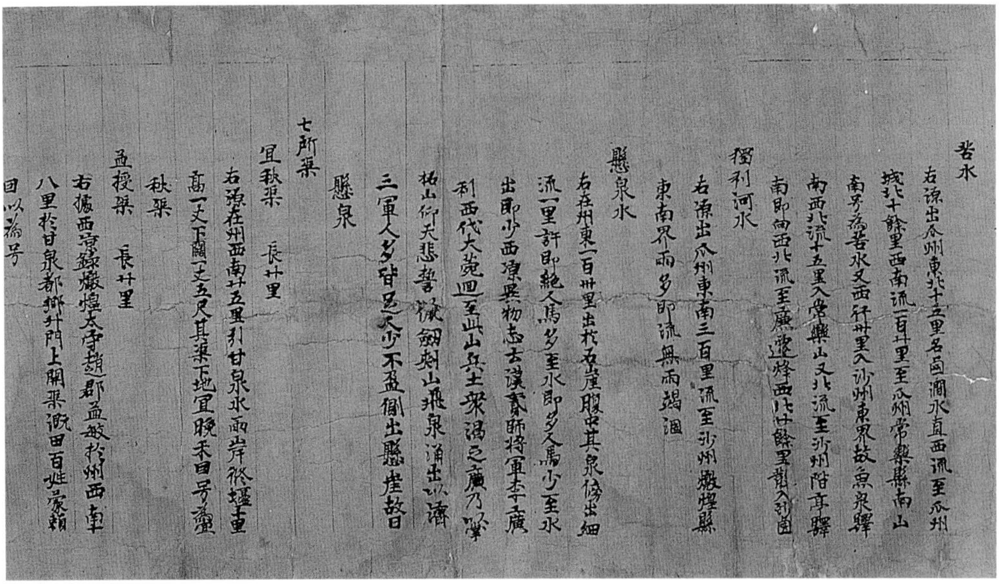

苦水
右源出瓜州東北十五里名曰瀾水直西流至瓜州
城北十餘里西南流一百廿里至瓜州常樂縣南山
南号為苦水又西行卌里入沙州東界故魚泉驛
南西北流十五里入常樂山又北流至沙州階亭驛
南即向西北流至廣至烽西北廿餘里散入沙鹵
獨利河水
右源出瓜州東南三百里流至沙州燉煌縣
東南界雨多即流無雨竭涸
懸泉水
右在州東一百卅里出於石崖腹中其泉傍出細
流一里許即絕人馬多至水即多人馬少至水
出即少西涼異物志云漢貳師將軍李廣
利西伐大蔸迴至此山兵士衆渴乏廣乃以掌
拓山仰天悲誓以佩劒刺山飛泉涌出以濟
三軍人多皆足人少不盈側出懸崖故曰
懸泉
七所渠
宜秋渠　長廿里
右源在州西南廿五里引甘泉水兩岸修堰十里
高一丈下闊一丈五尺其渠下地宜晚禾因号為
秋渠
孟授渠　長廿里
右據西涼錄燉煌太守趙郡孟敏於州西南
八里於甘泉都鄉斗門上開渠溉田百姓蒙賴
因以為号

《沙州督都府图经》　唐（现藏法国国家图书馆）

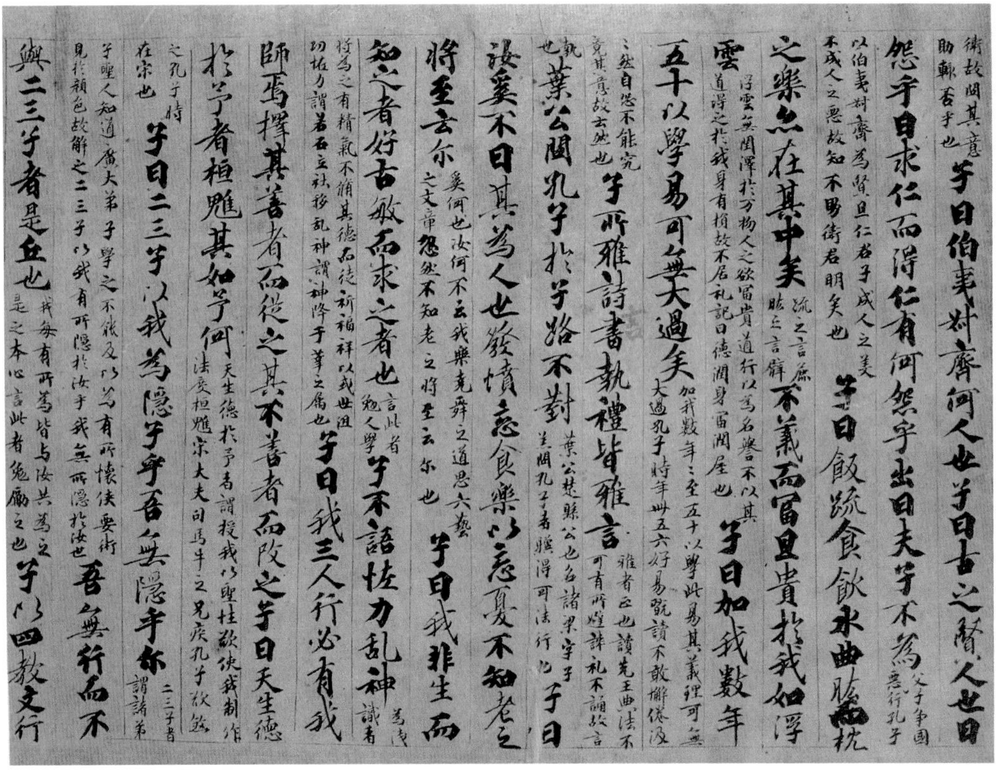

衛故問其意助輒否乎也 子曰伯夷叔齊何人也子曰古之賢人也曰
怨乎曰求仁而得仁有何怨乎出曰夫子不為 父子爭國惡行孔子
以伯夷叔齊為賢且仁君子成人之美不成人之惡故知不助衛君明矣也 子曰飯疏食飲水曲肱而枕
之樂亦在其中矣 疏之言麁肱之言肱 不義而富且貴於我如浮
雲 浮雲無潤澤於万物人之欲富貴道行以為名譽不以其道得之於我身有損故不居禮記曰德潤身富潤屋也 子曰加我數年
五十以學易可無大過矣 加我數年年至五十以學此易其義理可無大過孔子時年卌五六好易翫讀不敢懈倦汲汲自恐不能究竟其意故云然也
子所雅言詩書執禮皆雅言 雅者正也讀先王典法必正言其音然後義全故不可有所諱禮不誦故言執
葉公問孔子於子路子路不對 葉公楚縣公也名諸梁字子高聞孔子者賢聖可法行 子曰
汝奚不曰其為人也發憤忘食樂以忘憂不知老之
將至云尔 奚何也汝何不云我樂堯舜之道思六藝之文章忽然不知老之將至云尔也 子曰我非生而
知之者好古敏而求之者也 言此者勉人學 子不語怪力亂神 為後識者
将為之有精氣不循其德而徒祈福祥以裁世涸功怪力謂若石立社移亂神謂神降于莘之屬也 子曰我三人行必有我
師焉擇其善者而從之其不善者而改之子曰天生德
於予者桓魋其如予何 天生德於予者謂授我以聖性欲使我制作法度桓魋宋大夫司馬牛之兄疾孔子欲煞之
之孔子待在宋也 子曰二三子以我為隱乎吾無隱乎尔 二三子者謂諸弟
子聖人知道廣大弟子學之不能及以為有所懷挾要術見於顏色故解之二三子以我有所隱於汝乎我無所隱於汝也 吾無行而不
與二三子者是丘也 我每有所為皆与汝共為之是之本心言此者勉勵之也 子以四教文行

《郑玄注论语卷二》　唐（现藏法国国家图书馆）

《披帽地藏菩萨十王图》　北宋（现藏法国吉美博物馆）

教主摩尼著作、教团组织、核心教义等的解释性文献。这些文献资料的发现，为了解古代中西文化交流提供了重要历史资料。

藏经洞文献中的历史、地理著作，公私文书等，是我们研究中古社会的第一手资料。敦煌文献中的一批地理著作，也十分引人注目，这些已亡佚的古地志残卷，是研究唐代地理的重要资料。敦煌文献中还有关于西北地区，特别是敦煌的几种方志，更为史籍所不载，如《沙州都督府图经》《沙州伊州地志残卷》《寿昌县地境》《沙州地志》等，对敦煌乃至西北历史地理的研究十分重要，每一件都是弥足珍贵的史料。

藏经洞文献中还保存了大量中古时期的公私文书，这些未加任何雕琢

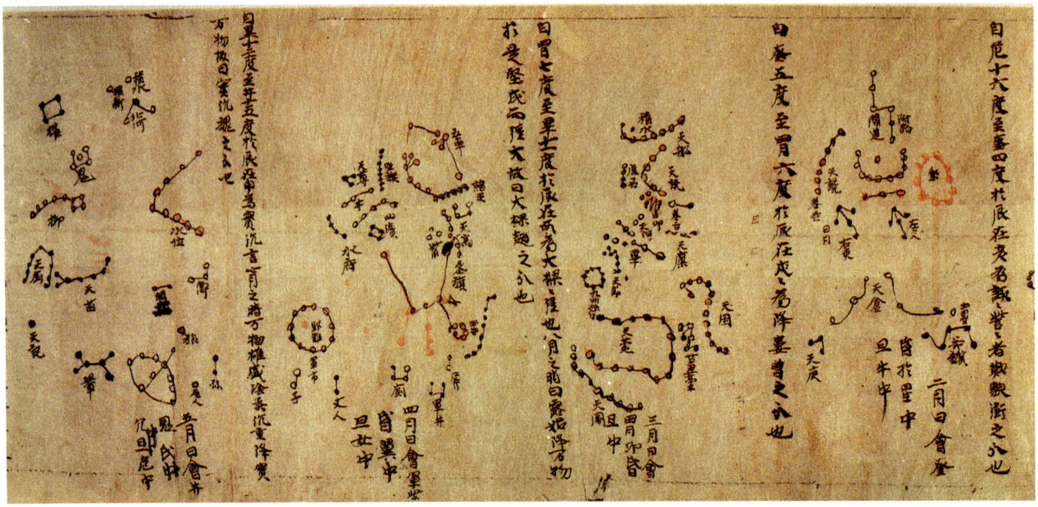

《全天星图》 唐（现藏大英图书馆）

的公私文书，是我们研究中古时期社会历史的第一手资料。这些公私文书都是当时之人记当时之事，完全保存了原貌，使我们对中古社会有了更深入的了解，对研究中古社会历史至关重要。

藏经洞文献中保存的大量古典文学资料更为引人注目。它包括《诗经》《尚书》《论语》等儒家经典及诗、歌辞、变文、小说、俗赋等，文学作品除文人作品和某些专集、选集的残卷外，大多都是民间文学作品。

藏经洞文献中的儒家经典，最具学术价值的是它对今本儒学典籍的校勘价值。敦煌文献中保存的诗歌数量很多，其中尤以唐五代时期为最多，大致包括佚存的唐代诗人之作、敦煌本地诗人之作、释氏佛徒之作、敦煌民间诗歌等几个方面。敦煌佚存的唐代诗人之作，最著名的是韦庄的《秦妇吟》和《王梵志诗》。敦煌歌辞，过去一般称为曲子词，除少数文人作品外，大多数来自民间，作者几乎渗透于社会的各个阶层。变文是敦煌文学中最引人注目的一部分。所谓变文，是一种韵文和散文混合在一起用于说唱的通俗文学体裁。变文作为一种文学体裁，长期以来一直湮没无闻，敦煌藏经洞变文的发现，才使这一文学样式重现于世，从而解决了中国文学史上许多悬而未决的问题。敦煌文献中的话本小说主要有《唐太宗入冥记》《秋胡小说》《韩擒虎话本》《庐山远公话》等，为后世白话小说的发展开拓了道路。敦煌俗赋有《韩朋赋》《晏子赋》《燕子赋》《丑妇赋》等，是古代辞赋通俗化的产物，和文人赋有明显区别。此外，还有如讲经文、因缘、押座文、佛赞、偈颂等文体的作品中，也有不少文学性很强的佳作。

敦煌文献中还保存了一些重要的语言学资料，如《玉篇》《切韵》《一切经音义》《毛诗音》《楚辞音》《正名要录》《字宝》《俗务要名林》等。

藏经洞文献中的有关科技史方面的资料，是中国科技史上的一枝奇葩。主要有数学、天文学、医药学、造纸术和印刷术等方面的内容。数学方面有《九九乘法歌》《算经》《立成算经》等，这些都是我国现存算术中最早的写本，是研究中国数学史的重要史料。藏经洞出土的天文学方面的资料中，有《二十八宿次位经和三家星经》《全天星图》《紫微垣星图》等，其中的《全天星图》绘制于唐朝，图中绘出了当时人们肉眼可以观测到的星官。《全天星图》的画法是，赤道区从十二月开始，按照太阳每月所在的位置，分十二段，把赤道带附近的星星画出来，用不同的颜色表示。图中共绘了 1348 颗星，是世界上现存最古老、星数较多的一份星图。它表明我国天文学在当时已处于世界较高水平，同时也为我国的天文学研究提供了珍贵的资料。在古代，天文和历法是密不可分的，敦煌历日大部分是由当时的敦煌人自己编制的，其中《宋雍熙三年丙戌岁具注历日并序》已引用了西方基督教的星期制。隋唐五代时期的医学、药学已相当发达，史料记载了很多医书、药书，可是宋代以后散失了。藏经洞保存有多达七十余种隋唐时期的医书、药书典籍，大致可分为医经、针灸、本草、医方四类。比如唐代的针灸治疗专著《灸法图》，还有一本《食疗本草》是世界上现存最早的食疗专著，书中不仅记录了药的名字，还记录了药性、功效和禁忌。这些医书不仅为传世医书的校勘提供了较为古老的版本；同时，出于这些

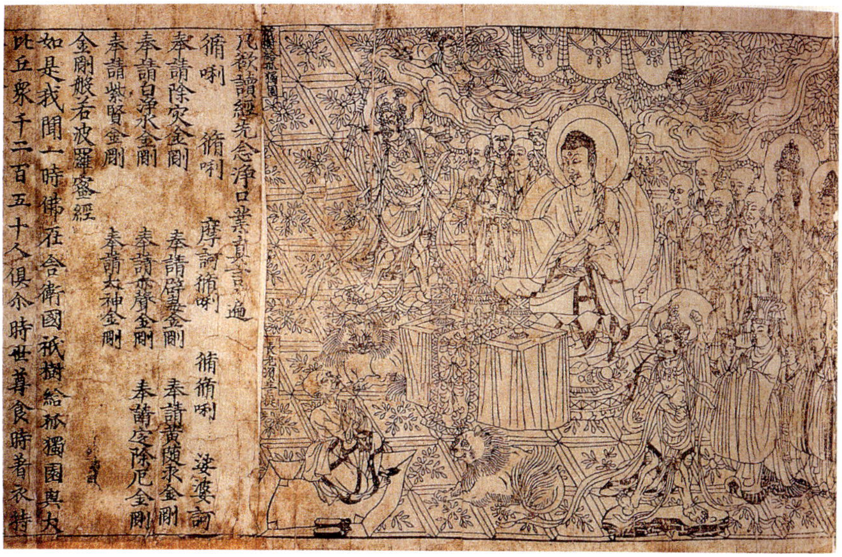

唐咸通九年（868）《金刚经》刻本（现藏大英图书馆）

医籍中保存了一些久已失传的诊法、药方，提供了一些不为世人所知的内容。这些不仅对医学史研究有意义，而且在今天的临床医学中也有一定参考价值。敦煌文献保存 4 至 11 世纪连续不断的纸张样本，是研究造纸术的活材料。印刷术是中国人发明的，过去只知道雕版印刷是中国发明的，但是缺乏实证。藏经洞文献中的唐咸通九年（868）《金刚般若波罗蜜经》，有“咸通九年四月十五日王玠为二亲敬造普施”题记，扉页上雕刻了人物、狮子、器物等图像，刻画精美，刀法圆熟，墨色浓厚匀称。这是全世界现存最早的雕版印刷品，也是中国发明印刷术的实证。这些科技史料的发现，再次向世人证明中国古代科学技术水平在当时处于领先地位。

藏经洞出土文献中除大量汉文文献外，还有相当数量的非汉文文献，如古藏文、回鹘文、于阗文、粟特文、龟兹文、梵文、突厥文等，这些多民族语言文献的发现，对研究古代西域中亚历史和中西文化交流有着不可估量的作用。

藏经洞出土文献还保存了音乐、舞蹈方面的资料，如琴谱、乐谱、曲谱、舞谱等，可以让今天的人们能够恢复唐代音乐与舞蹈的本来面目，进一步推动中国音乐史、舞蹈史的研究。

总之，敦煌藏经洞文献是我国古文献遗存中的瑰宝。它保存了中古时期丝绸之路重镇敦煌及河西走廊地区社会生活各方面的信息，丰富了我们对这一地区历史的理解。同时，敦煌文献承载着古代丝绸之路上的多种文明，它包含了丝绸之路的历史变迁，不同宗教的流传，多种文化的融合传播。这些记载丝绸之路历史文化、文明交流的珍贵文献是历史的见证，是中华民族宝贵的文化财富，是全人类共同的文化遗产。藏经洞是一部古代的百科全书，是研究中国古代学术的浩瀚海洋，具有极高的学术价值，不仅受到中国学者的极大重视，而且吸引了世界许多国家的学者竞相致力于对它的研究，在 20 世纪初形成了一门国际显学——敦煌学，受到国际人文社会科学领域的高度关注。

由于敦煌遗书分藏在世界各地，至今缺乏一个完整的联合目录，因此藏经洞里到底藏了多少遗书，对此问题学界历来说法不一。

近年，通过各国学者的共同努力，对现存于世界各地的敦煌藏经洞文书的大概数量基本统计了出来。

敦煌文献在全球的分布

中国国家图书馆

约16000件

敦煌市博物馆 / 敦煌研究院 / 甘肃省博物馆 / 天津艺术博物馆 / 天津图书馆 / 中国历史博物馆 / 故宫博物院 / 北京市博物馆 / 北京大学图书馆 / 上海博物馆 / 上海图书馆 / 安徽博物馆 / 广东省中山图书馆 / 山东博物馆 / 南京博物院 / 浙江博物馆 / 湖北省博物馆 / 山西博物院 / 旅顺博物馆 / 香港中文大学博物馆 / 台湾历史博物馆 / 酒泉市博物馆 / 武威市博物馆 / 张掖市博物馆 / 高台县博物馆 / 部分私人藏家

约3000件

英国

约14000件

法国

约7300件

俄罗斯

约19000件

日本

约2000件

印度 / 德国 / 丹麦 / 瑞典 / 芬兰 / 美国 / 韩国 / 土耳其

约4000件

藏经洞之谜

藏经洞，也就是今天的莫高窟第17窟，位于第16窟甬道的北侧墙壁内，此窟平面呈正方形，每壁边长不足3米，壁高不足2.5米，全窟通高3米，窟顶为覆斗形，是个名副其实的方丈小室。藏经洞原本是晚唐时期河西高僧洪䛒的影窟，洪䛒在吐蕃统治时期曾任沙州释门都法律兼摄行教授，也就是当地的佛教僧徒领袖。大中二年（848），张议潮打败吐蕃收复瓜沙及河西十一州之后，洪䛒的弟子悟真是去长安向唐王朝“献图籍”报信的使者之一。唐王朝敕封洪䛒为释门河西都僧统摄沙州僧政法律三学教主，并赐紫色袈裟，授“京城内外临坛大德”称号。据史料记载，在唐代三品以上的官员才能穿紫色官服。显然，洪䛒高僧在河西是一位很有政治地位和宗教地位的人物，藏经洞正是为了纪念这位德高望重的高僧而开凿的。在北壁是一个长方形的禅床，禅床几个侧面分别绘有壶门、口衔灵芝的梅花鹿、茶花边和云头履。端坐在禅床上的这身塑像就是洪䛒高僧，后来人们发现洪䛒的骨灰就封藏在塑像背部，根据当年存放骨灰袋时堵洞的痕迹来判断，洪䛒塑像可能是在他生前就塑好的纪念性真容塑像。纪念性塑像在我国雕塑史上是有记载的，如洛阳敬爱寺里的武则天真容像、日本唐招提寺的鉴真和尚真容像等。现在我们看到的洪䛒塑像，是1965年敦煌文物研究所的专家从第362窟中搬回来的。说明当年藏经的时候，洪䛒像是被移到了别处。洞窟内除北壁和低坛侧面有壁画外，其余均为素壁，北壁中部绘有两棵枝叶交接的菩提树，东侧树枝上悬挂着一个净水瓶，树旁边

高僧洪䛒塑像

洪䛒像后背骨灰安置处

画一比丘尼，双手持对凤障扇，西侧树枝上挂一个挎袋，树侧画有身着盘领长衫、束腰带，一身男装、手拿禅杖的近侍女，她们都是侍奉洪䛒高僧的佛教信徒。

西壁的石碑是洪䛒告身碑，碑高 1.5 米，宽 0.7 米。碑文分为三段，从上而下依次是洪䛒告身、敕牒诏书和敕赐衣物录本。

大约到了北宋末年，由于某种原因当地人选中这个洞窟用来收藏寺庙里的经卷、文书、绢画及法器等，才被现在的人们称为藏经洞。

有关藏经洞封闭的原因，人们有各种推测。归纳起来有以下几种观点。“避难说”是大家认为比较合理的一种推测，学者们认为藏经洞的封闭应该与重大的政局变乱有关。第一种最有可能的推论是西夏占领瓜、沙、肃诸州期间。因西夏入侵敦煌时，当地人并不知道这个民族也信仰佛教，仓促之间将各寺的写经都集中起来，收藏在这个小洞窟之内并将窟门封闭，并且在墙面绘制壁画，以掩人耳目。还有一个原因就是，藏经洞出土的文书中未发现西夏文文献。第二种推论是为了避黑韩王朝东侵。北宋景德三年（1006），信奉伊斯兰教的黑韩王朝一举灭掉了崇尚佛教的于阗王国，这个消息让沙州地区的佛教阶层极感恐慌。在这种情况下，为了避免灭佛事件的发生，莫高窟的一些寺院将重要的经卷、佛像、幡画等集中起来，统一收藏在第17窟中封闭起来。

“废弃说”认为，有了印刷术之后，产生了印本的佛经，以前的写本佛经就基本废弃了。可是书写的佛经代表佛教三宝之一的佛法，是圣物，不能随便丢弃，必须集中妥善保管，所以藏经洞应是专门存放各寺剔除下来的经卷、文书、旧幡画、佛像的地方。最后封闭洞口，并做了必要的伪饰。当事人去世之后，藏经的事情可能就不为后人所知了。当然这也只是一种推测。

“供养说”认为，正如“废弃说”指出的，藏经洞保存的佛教文献从表面上看，大都是残破不全的。但实质上，这属于在古代中国广大地区曾存在过的“经像瘗埋”现象，就是在佛教三宝供养（特别是法宝供养、佛宝供养）的思想指导下，佛教徒对于残破的、过时的佛教经典和造像有计划地、礼仪性地收集瘗埋，使之长久保持供养的一种特殊的佛教仪轨制度和佛教历史文化现象。

近年，有学者研究提出了一种新的观点“末法说”。认为藏经洞封闭与佛教的末法思想有关。宋代归义军晚期约11世纪初，辽代佛教的末法思潮影响到了瓜沙地区后，与敦煌原有的末法思想结合，对敦煌的佛教界产生了巨大的影响。敦煌佛教僧团担忧佛法将灭，于是便以秘藏佛经佛像等活动来保护佛法。藏经洞正是当时的佛教徒们对末法的恐慌与“佛法即将灭尽”的忧虑的产物。专家推测藏经洞可能封闭于曹氏归义军晚期的曹贤顺统治时期（1014—1020）。

当然，藏经洞封闭的原因是千古之谜，以上几种说法都是从不同角度展开的合理推论，不能说就是最后的结论。这个问题还需要专家学者们不断深入探索，最终揭开藏经洞封闭的真正谜底。

总而言之，莫高窟藏经洞被发现是人类最伟大的发现之一，震动了国内外学术界，激发了中外学者极大的研究热情，从而在世界上兴起了一门新兴的学问——敦煌学。敦煌学的研究对象不仅限于中国的汉民族历史文化，还涉及我国不少古代民族，如羌族、匈奴、龟兹、突厥、吐蕃、回鹘等历史文化，还为印度、伊朗、巴基斯坦、哈萨克斯坦、吉尔吉斯斯坦、日本、朝鲜等邻国的历史文化研究提供了重要资料，具有极大的国际意义。藏经洞的发现在中西方之间筑起一座学术研究、文化交流沟通与互补的桥梁。

寂静的禅修

第275窟

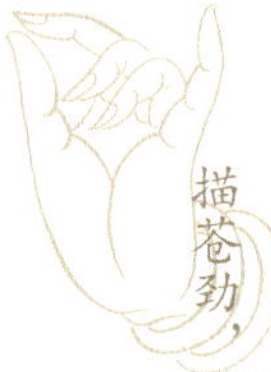

这些本生故事画表现的都是释迦牟尼佛前世忍辱牺牲、累世修行的内容，吸取了汉画的传统，壁画平面布局，构图简单，富有很强的装饰性。人物造型采用凹凸晕染法，色彩淳厚，线描苍劲，具有浓郁的西域风格。

第275窟是莫高窟现存最早的洞窟之一，开凿于北凉时期。平面呈长方形，单室。窟顶是起脊较宽的纵向人字披，浮塑脊枋和椽子，模仿我国中原地区木构建筑的形制。南北两壁还保存了莫高窟出现最早的阙形龛。西壁前塑主尊交脚弥勒菩萨及狮子座，是莫高窟早期洞窟中最大的一尊塑像。南北壁上层开龛，西起第一龛、第二龛均为阙形龛，东侧龛为圆券形龛，阙形龛内塑交脚菩萨，圆券形龛内塑思惟菩萨。南壁绘佛传故事出游四门。北壁绘本生故事，西起依次为毗楞竭梨王本生、虔阇尼婆梨王本生、尸毗王本生、月光王施头本生、快目王施眼本生。这些本生故事画表现的都是释迦牟尼佛前世忍辱牺牲、累世修行的内容，手法上吸取了汉画像石、

第 275 窟　交脚弥勒菩萨像　北凉

画像砖的传统，壁画平面布局，构图简单，富有很强的装饰性。人物造型采用凹凸晕染法，色彩淳厚，线描苍劲，具有浓郁的西域风格。

北宋年间重修洞窟时，在这个窟中加了一道隔墙，将洞窟分为前室和后室，20 世纪 90 年代初敦煌研究院工作人员将此墙搬移。露出了被压在隔墙下没有变色的北凉时期壁画，让我们清楚地看到了最初壁画的色彩、绘画技法及艺术风格。

交脚弥勒菩萨

正面是一尊交脚弥勒菩萨像，这尊像高达3.4米，保存基本完好，是莫高窟彩塑中现存最大的弥勒菩萨，也是莫高窟早期最大的彩塑。这身塑像体魄健壮、比例适度，神态自然，恬静超俗；面相丰满圆润，眼球外突，鼻梁高隆，肩宽腰细，双唇薄而紧闭，长发披肩；头戴化佛三珠宝冠，脖子上戴镶嵌宝珠的项圈，胸挂璎珞，上半身袒裸呈现出富有力量的健硕体格，腰部穿着紧贴身体的羊肠裙，裙上用贴泥条和阴刻线结合的手法来表现衣褶立体感。菩萨端坐在高大的方形双狮座上，身靠倒三角形靠背，神情庄重宁静，威严肃穆，双脚交叉而坐，称为交脚菩萨。这样的坐式在犍陀罗雕刻中比较常见，具有浓厚的犍陀罗风格。但是，犍陀罗雕刻往往衣褶厚重，衣纹写实而自然。可是这尊交脚菩萨衣服贴体，衣纹细密而具有装饰性，这些方面似乎又具有希腊艺术的特点。可见这身彩塑在继承中原传统雕塑艺术的基础上，大胆地吸取了印度石刻和西域造像等外来艺术的营养。古代雕塑工匠以娴熟的技艺、简朴的手法、明快的色彩塑造出了这尊造型敦厚、比例协调、风格独特的弥勒菩萨像。

天上宫阙

“不知天上宫阙，今夕是何年。” 这首脍炙人口的宋词《水调歌头》中出现的“天上宫阙”这一建筑形制，就真实出现在了莫高窟北凉第275窟中。

第 275 窟　交脚弥勒菩萨及阙形龛　北凉

南北两壁上部各开了四个小龛。龛内分别塑交脚菩萨和思惟菩萨。这些小龛就让我们看到了汉式的阙形龛。阙，是中国古老的建筑形制，一般由台基、阙身、屋顶三部分组成。现存最早阙的形象见于长沙马王堆西汉一号墓帛画。高的叫母阙，低的叫子阙，加上起脊的屋檐，就形成了一座完整的宫殿式建筑。阙在中国古代是皇权威严的象征性建筑。佛教传入我国以后，从内容到形式都受到了中国传统观念、风俗习惯及审美观的巨大影响。因此，阙也被搬进了石窟。这几个阙形龛象征着弥勒菩萨居住的兜率天宫。龛里的塑像都是小型弥勒菩萨，弥勒是佛国世界三世中的未来佛，是兜率天宫的主宰。佛教宣称：人们只要信奉弥勒，忍辱苦修，来世就可以上升到佛国的兜率天官，这里没有病痛苦难，尽享人生极大的快乐。因此早期弥勒菩萨的普遍出现，寄托了广大信徒对美好生活的无限向往。

高居兜率天宫中的一身菩萨像，尤其引人注目，大家称其为思惟菩萨。这身菩萨一手支颐，上身微倾，俯首下视，双目下垂，神情专注，嘴角微上翘。清秀的面颊上泛出淡淡的微笑，仿佛沉浸于深深的遐思之中，表现了一种安静、深沉、超凡脱俗之美。形神兼备，耐人寻味。

太子出游四门

南壁中部绘制的佛传故事，采用横卷构图的形式表现佛陀一生中的一个重要情节——出游四门。传说古印度迦毗罗卫城有一位太子，名叫乔达摩·悉达多。这位悉达多太子不喜欢享受宫廷的荣华富贵，长大娶妻生子之后，依旧闷闷不乐，整日念思出家的事，他的父亲净饭王看在眼里急在心上，非常担心，与大臣们商议后，决定让太子出宫游玩，以此来打消他出家的念头。太子在侍从的陪伴下出宫游玩，出东门时见老人，出南门时见病人，出西门时见死人，他看见了人世间的生老病死，内心感到悲苦无奈。他继续前行在北门遇见出家之人，出家人神采奕奕，容光焕发，

第 275 窟南壁　太子出游四门　北凉

不被人世间苦难所纠缠烦恼，于是太子更加坚定了出家的决心。画面中细致入微地刻画了“遇老人”和“遇僧人”的情景，老人白发苍苍，弯腰弓背，面黄肌瘦，衣衫简陋，只穿着短裤，遇见太子时恭敬地向太子行礼。一旁骑在马上的太子则用一手轻轻指向老人，仿佛在交谈之中。僧人则穿着右袒袈裟，精神饱满，神采奕奕。画面中老人的老态龙钟与僧人的超凡脱俗形成了鲜明对比。

毗楞竭梨王身钉千钉

古代印度有一位国王叫毗楞竭梨王，国王乐善好施，心好佛法，治理国家也是井井有条，深受人民爱戴。他曾发誓，谁能够给他讲经说法，要什么就给什么。有一婆罗门叫劳度叉，知道了国王的喜好。告诉国王说，他有佛法最精妙的篇章，如果有人愿意在自己身上钉一千个钉子，他就给此人演说妙法。毗楞竭梨王听到后非常高兴，为了听闻妙法，他让劳度叉在自己身上钉千钉。国王为了佛法身钉千钉的事传开后，全国上上下下都来劝阻国王，但国王不听，并任由劳度叉在自己身上任意钉钉。在场的群

第 275 窟　北壁本生故事　北凉

臣百姓都不忍看到国王遭受如此惨痛的伤害，哭泣声惊天动地，众天神也下来供养国王。帝释天看到毗楞竭梨王确实毫无惧色，不怕牺牲，心向佛法，最后用神力让国王身体恢复如故。臣民百姓欢喜雀跃。画面中劳度叉一手执钉，一手挥锤，正向毗楞竭梨王身上钉钉。国王神态安详，泰然自若，胸腹双臂上，有许多用石绿色画出的钉子。毗楞竭梨王的左膝下有一眷属，正单腿跪地，右手遮面痛哭流涕。国王则似乎完全沉浸在听闻佛法的喜悦之中，完全忘记了身钉千钉的痛苦。

尸毗王割肉贸鸽

北壁绘佛本生故事画，描绘的是释迦牟尼成佛前，累世修行，行善积德，不畏牺牲的种种事迹。画面采用横卷式连环画形式，自西向东排列五幅本生故事画。其中最具有代表性的尸毗王本生故事。

古代印度有一个国王叫尸毗王，他心好佛法，乐善好施，立誓普度众生。天上的帝释天和毗首羯摩为了试验他的诚心，两人分别变作一只老鹰和一只鸽子，来试探尸毗王。一天，一只老鹰追逐一只鸽子，鸽子飞来飞去无处躲藏、便飞到了尸毗王的身边，请求尸毗王保护它。这时，老鹰已经追来，向尸毗王要鸽子。尸毗王说："可怜这只柔弱的小鸽子，请你不要吃了它。"老鹰说："如果今天我不吃鸽子，也会饿死，你为何只救它却不救我呢？"尸毗王说："我给你其他的食物吧。"老鹰说："我只吃新鲜血肉，其他一概不吃。"尸毗王想到自己的誓言，既要救鸽子，又不能伤害了别的生灵，于是他决定用自己的肉来换取鸽子的生命。他叫手下拿刀，割自己腿上的肉喂老鹰。老鹰对尸毗王说："大王既然要用自己的肉代替鸽子，我也不敢贪多，就请用秤来称够与鸽子同样重量的肉吧。"尸毗王又让人找来一把秤，一头放鸽子，一头放从自己身上割下的肉。奇怪的是，国王腿上的肉已经割尽、又把身上的肉也割完，还达不到鸽子的重量。最后，国王为了彻底救助这只弱小的鸽子，毅然举身坐上了秤盘，决定把全身都施舍给鹰。尸毗王大无畏的行为感动了天地，这时天地震动，诸天神为尸毗王撒下鲜花。原来，是天上的帝释天和毗首羯摩为了试验他的诚心，两人分别变作一只老鹰和一只鸽子来考验他。帝释天恢复了原形，并以神力使尸毗王身体恢复原样。

画面中尸毗王的头微向前倾，表现出他慈祥大度而又无所畏惧的神情。他一手托着绿色的鸽子，一手扬起阻挡老鹰。在他的左侧，一个面目凶狠的刽子手正在一手操刀，一手用力割尸毗王腿上的肉；右边一人，一手提着秤，秤的一边是小小的鸽子，一边则是双手合十而坐的国王。周围眷属们悲伤痛哭，依依不舍，更衬托出国王安详平静和不怕牺牲的高尚品质。

鹿王的神迹

第257窟

这一时期的人物形象造型朴拙，色彩淳厚，线描苍劲；人物比例适度，面相丰圆，神情庄重恬淡；在衣冠服饰上还保留了西域、印度和波斯的风习。

第257窟开凿于北魏时期，平面呈方形，前半部分顶部为汉式人字披顶，后半部为平棋顶和上接窟顶的中心塔柱。中心塔柱四面开龛，龛内均供有佛像，中心塔柱四周可供佛教信徒右旋礼拜，入塔观像，塔前较大的空间是佛教徒聚会的场所。这一洞窟形制是莫高窟北魏时期出现的一种新窟型，人们把这种洞窟形制称为“中心塔柱窟”或“塔庙窟”。这种窟型也成为莫高窟北魏时期的主要建窟形制，并且对北魏以后莫高窟的建窟形制产生了很大影响。中心塔柱窟在莫高窟自北魏出现一直延续到了晚唐，成为敦煌石窟建筑的重要组成部分。

北魏王朝统治北方一个多世纪，佛教迅猛发展，开窟造像之风空前盛

第 257 窟　中心塔柱　北魏

行，在莫高窟继北凉三窟之后，北魏又新建了 8 个洞窟。257 窟是这一时期塔庙窟的代表性洞窟，同时也是莫高窟早期佛教故事连环画最多、最有名的洞窟。四壁壁画大体分为三段式布局，上段在天宫栏墙内绘翩翩起舞的天宫伎乐，中段绘千佛、佛经故事和说法图，下段绘金刚力士。

中心塔柱正面开一圆券形大龛，龛内塑倚坐佛像，佛像的眼睛、鼻子都已被损毁。但仍给人以安静、慈祥之感。佛着右袒式袈裟，质地轻柔，紧贴身体，衣褶自然流畅。佛身后为佛光，分头光和背光。佛光是佛智慧的象征，以火焰、化佛、飞天相衬托，色彩以石青、石绿为主，青绿交辉，清新明快。龛内两侧分上下层各绘十身供养菩萨，或举手，或合掌，或托腮，神态各异，形体健美、造型准确，勾勒和晕染有立体感。龛顶画四身飞天鼓乐舞蹈。龛楣装饰莲花化生图案，两端的双龙装饰是我国传统艺术中常见的形象。主龛外北侧存一尊天王像，身躯健壮、面相丰圆、双目圆睁、上身着衣甲，下身着长裙，衣饰合武士、菩萨装于一身。色彩单纯、造型古拙、手法简朴，是莫高窟现存北朝唯一的彩塑天王像。

沙弥守戒因缘故事

在古代印度，有一个虔诚信佛的长者，他把自己的独生儿子托付给一位德高望重的大和尚，大和尚为其子剃度授戒，收为弟子。小沙弥聆听师父讲经说法，诵经参禅。当地的习俗是高僧及其僧徒的饭食是由当地有钱的居士供给，每日按时送到寺庙。一天，居士全家应邀去朋友家赴宴，家

第 257 窟　思惟菩萨像　北魏

第 257 窟　天王像　北魏

中只留下十六岁的女儿看家，居士匆匆离家，忘记吩咐女儿给寺庙里和尚送饭的事，时近傍晚。老和尚见施主还未来送饭，他想："大概是俗人杂事太多，忘记了送饭。"于是就吩咐小沙弥前往居士家取食，并教导说："入村乞食时，切勿贪恋声色。"

居士一家走后，少女独自守家，不禁想起了自己的终身大事，憧憬美妙的爱情。突然，轻轻的敲门声打断了少女的思绪，她打开门看见是一位眉清目秀的小沙弥前来乞食，少女怦然心动，对小沙弥一见钟情，觉得这是天赐良机。她拉着沙弥的衣袖，在小沙弥面前，倾吐爱慕之情。沙弥坚守清规戒律，始终闭目缄口不答。少女步步相逼，不让沙弥出门，沙弥无法摆脱少女的纠缠，借故独入房中，小沙弥想到了师父的教诲，决定以身殉戒，来捍卫佛门的圣洁，便引颈自刎。少女久等不见沙弥出来，顿生疑虑，推门而入，见沙弥倒在血泊之中，大惊失色，悔恨不已。此时，少女的父母赴宴归来，见女儿面无血色，披头散发，大吃一惊，便问其缘由，少女如实向父母讲了事情的经过。

按当时印度的国法规定，若有沙门死于俗人家中，当缴纳罚金一千。居士按规定入宫缴纳了罚金，国王得知此事，深为沙弥的行为所感动。国王召开了盛大的聚会。居士的女儿也被打扮得更加漂亮，坐于高台上，国王宣说了沙弥的死因，对聚集在场的臣民僧众说："此少女正值芳年妙龄，妩媚漂亮，世人见了谁不为之心动，然而这位沙弥严守戒律，不为女色所迷，以身殉戒，实属罕见。"之后，国王亲自主持用檀香木火化了沙弥的遗体，并起塔供养。

九色鹿本生故事

本生故事是讲述释迦牟尼佛在过去世中忍辱苦修的种种事迹。佛教认为像释迦牟尼这样的圣人，在修道成佛之前，经过无数次累世修行，无私奉献，历经磨难，最后才修行成佛。其中第 257 窟西壁的九色鹿本生故事家喻户晓。

在古印度恒河边生活着一只美丽的鹿，她的皮毛能变换出九种颜色，鹿角洁白如雪。一天，九色鹿在河边散步，突然听到一阵呼救声。九色鹿循声而去，发现有一个落水者正在波涛中挣扎，快被河水淹没。九色鹿毫不犹豫地跳入水中，奋力将溺水人救上了岸。溺水人名叫调达，他跪在九色鹿面前千恩万谢，感激不尽，表示愿做奴仆，侍奉九色鹿。九色鹿说：“我这里水草丰盛，不用人侍奉，若要报恩，就请你不要把我的行踪告诉

第 257 窟　南壁沙弥守戒　北魏

别人。”调达对天发誓说：“我要是违背誓言，定会遭报应。”

一天夜里，这个国家的王后做了一个梦，梦见了美丽无比的九色鹿。第二天清晨，王后对国王说：“我昨晚梦见了一只漂亮的鹿，其毛九种颜色，其角白如雪，我想用鹿皮做坐褥，取其角做拂柄。你赶快派人去捕捉此鹿，我若得不到九色鹿，便会死去。”于是，国王立即派人四处张贴告示，重金悬赏：“谁能找到九色鹿或报告九色鹿行踪者，将分给他一半国土，赏赐满金碗的银豆和满银碗的金豆。”

那个曾被九色鹿救起的落水者调达看了这张告示，想到重赏的诱惑，就见利忘义，去王宫向国王告密，并且领着国王的人马前去捉拿九色鹿，当时九色鹿正在草丛中睡觉，他的好朋友乌鸦在树枝上远远看见有军队赶

来，赶快向九色鹿报警。九色鹿猛然惊醒，站起来一看已被国王的军队团团包围，无路可逃了。九色鹿从容地走到国王面前说：“我已成为你的猎物，但请你告诉我，是谁带你们来到这里的？”国王指了指身旁的调达，九色鹿明白了。她向国王说道：“贤明的君主啊，我曾对你的国人有恩，为何却要杀我？”接着九色鹿向国王讲述了救调达的经过，国王听了九色鹿的诉说，十分惭愧，便斥责调达忘恩负义的行为，并下令全国，从今往后，任何人不准伤害九色鹿。从此，九色鹿自由自在地生活在这个国家。调达自从告密后就浑身长满了毒疮，并散发出恶臭，遭人厌恶。那个贪心的王后，听到国王捉到九色鹿又放生的消息后，非常生气，不久就气死了。

这幅横卷式连环画的构图较为独特，画家绘了八个情节，是由左右两

第 257 窟　九色鹿本生　北魏

端开始，中间结束。画家把故事发展的高潮安排在整幅画的中央，展现在观众的视觉中心。在人物形象的刻画方面，画家着意表现人物的神情和内心活动。如溺水人向国王告密时，王后侧身依偎在国王身旁，撒娇地把右臂搭在国王肩上，右手食指翘起，正轻轻叩打国王的肩膀，左臂自然垂放在腿上，眼睛注视着国王，长裙下露出的光脚似乎也在不停地晃动，生动地表现了王后撒娇的神态和想得到鹿皮的急切心情。画面中部，在表现九色鹿被国王军队包围这一情节时，无论是在印度的佛教雕刻中，还是在龟兹石窟的壁画中，都是按佛经记载的“鹿长跪问王”来表现的，九色鹿是跪在国王面前向国王讲述。而在此画中画家却不完全依照佛经，九色鹿是昂首挺胸，理直气壮地面对国王，充分表现九色鹿正义凛然的气概。

须摩提女焚香请佛因缘故事

西壁北段和北壁绘了须摩提女故事画，是根据三国时期支谦译《须摩提女经》绘制。

在古印度的舍卫城，有一位长者叫阿那邠邸，阿那邠邸有一个女儿，名叫须摩提，正值芳龄，美丽动人。另有一位叫满财的长者住在满富城，满财长者请求阿那邠邸把女儿嫁给自己的儿子。阿那邠邸说：“小女是佛门弟子，若嫁女，必须先问佛祖是否同意。”于是他在经堂焚香禀告佛祖释迦牟尼。佛说：“若将须摩提女嫁到满富城，既有益于佛教，又可以宣传佛法，那么这门婚事就能行。”于是阿那邠邸就同意把女儿嫁到满财家。

按满富城的习俗，若要娶其他城的女子为妻，必须在结婚之日，用丰盛的酒席招待本城的六千梵志。当天到场的六千梵志，个个半裸身体，举止粗野。梵志入席后，满财让须摩提女向梵志们行礼，须摩提女看见他们粗俗的样子，便闭门睡觉，拒绝向他们行礼。这使满财父子很没面子。婚礼散了以后，满财独自坐在家中，愁容满面，他想：“这须摩提女容貌出众，却不懂礼节，有伤门风。”这时，有个叫修跋的梵志前来拜访满财长者，当他听说满财的儿媳妇是佛祖释迦牟尼的弟子时大吃一惊。他对满财讲述了自己目睹佛的小弟子均头沙弥显神通之事。满财听了将信将疑，就让须摩提女请释迦牟尼佛前来赴斋，须摩提女欣然答应，并立即沐浴更衣，登上小楼，焚香请佛。请佛祖降临满富城，施展佛法。

第二天，满富城的百姓与满财长者一家都登上高楼恭迎释迦牟尼，人们看见一个白衣长发、身背一口大锅的天人从天而降，满财问：“这可是你的尊师？”须摩提女答：“这是给佛做饭的侍者，名叫乾荼。”又见空中飞来五百株五彩缤纷、枝叶艳丽的花树。满财又问：“这就是你的尊师吗？”须摩提女答道：“不是，这是均头沙弥，从师舍利弗。”满财十分惊讶，接着释迦的弟子各显神通，依次飞来：般特乘五百青牛、罗云乘五百蓝孔雀、迦匹乘五百金翅鸟、优比迦叶乘五百飞龙、须菩提乘五百琉璃山、迦旃延乘五百白天鹅、离越乘五百虎、阿那律乘五百青狮、大迦叶乘五百白马、大目犍连乘五百六牙白象，相继从天而降，都向满富城凌空飞来。满财长者和满富城的百姓看得眼花缭乱，惊叹不已。最后，释迦的弟子们化作日天子、月天子、金刚力士及天王，在空中奏乐散花。在高楼上迎接佛的人们抬头望去，只见天空中，流云飞彩，天花乱坠，天乐齐鸣，庄严慈祥的释迦牟尼佛四周光芒四射，在一千二百弟子的前呼后拥下，腾云驾雾而来。满财长者和满富城的八万四千百姓，都被佛法的神通广大所征服，个个都皈依佛门。

这幅故事画描绘了十四个情节，依次为：（1）须摩提女闭门卧床和焚香请佛；（2）乾荼背锅飞来；（3）均头沙弥乘五百花树飞来；（4）周利般特乘五百青牛飞来；（5）罗云乘五百蓝孔雀飞来；（6）迦匹那乘五百金翅鸟飞来；（7）优比迦叶乘五百飞龙飞来；（8）须菩提乘五百琉璃山飞来；（9）迦旃延乘五百白天鹅飞来；（10）离越乘五百虎飞来；（11）

须摩提女闭门卧床和焚香请佛

乾荼背锅飞来

须摩提女闭门卧床和焚香请佛

阿那律乘五百青狮飞来；（12）大迦叶乘五百白马飞来；（13）大目犍连乘五百六牙白象飞来；（14）释迦在众弟子簇拥下出现。

四壁上段的天宫栏墙内绘翩翩起舞的天宫伎乐，这些伎乐天头戴宝冠，上身半裸，有的抱琵琶、有的吹长笛、有的击腰鼓、有的击掌散花。多姿多态、生动活泼。下段金刚力士个个体魄健壮、动态夸张、粗犷有力。

另外，中心柱左前方窟顶的方形平棋中的裸体天人游泳图也值得一提，方形平棋图案以淡蓝为底色，在碧蓝色的莲池中，漂浮着几片荷叶，四个裸体天人舒展双臂，在水中游泳，灵活自如，动作优美，像在水中舞蹈一样，极似现代的花样游泳。其表现手法别具一格，是一幅优美的装饰图案。

此窟的壁画，具有北魏时期洞窟壁画的共同特征。这一时期的人物形象造型朴拙，色彩淳厚，线描苍劲；人物比例适度，面相丰圆，神情庄重恬淡；在衣冠服饰上还保留了西域、印度和波斯的风习。壁画以土红色为底色，加上凹凸晕染法所形成的立体感，色调温暖浑厚；多用石青、石绿色，在土红底色的映衬下，更显得色彩热烈，宗教气氛浓厚，形成了与汉晋艺术迥然不同的艺术风格。故事画采用横卷式连环画的形式，对此后莫高窟佛教故事画艺术的发展具有深远的影响。

诸神的相遇

第285窟

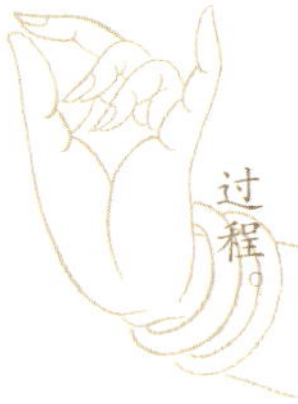

第285窟是一个特殊的洞窟，从洞窟形制、壁画内容、信仰思想、审美情趣、艺术风格等方面都体现着中国传统文化与外来文化，从并存到逐步融合的过程。

第285窟开凿于1400多年前的西魏时期，主室平面呈方形，覆斗形顶，中央设有低矮的方台，西壁开三个圆券形佛龛，中央大龛内塑一坐佛，两侧小龛内各塑一身禅僧像。南北壁各开四个禅窟，窟顶下绕窟一周连续绘制了在山林之中坐禅修行的禅僧像35身。从禅窟、塑像及壁画来看，这是一个以禅修内容为主的洞窟，在古印度称为“毗诃罗窟”。

本窟北壁发愿文中有“大代大魏大统四年岁次戊午八月中旬造”和“大代大魏大统五年五月廿一日造讫”的墨书题记，可知此窟建造于西魏大统四年至五年，即公元538至539年前后，是莫高窟最早有纪年题记的洞窟，是考古学意义上的标准洞窟，也是早期内容最丰富的洞窟。

第 285 窟内景　西魏

第 285 窟主室东披　伏羲女娲和摩尼宝珠　西魏

天地宇宙

第 285 窟覆斗顶四披壁画象征天地宇宙。上部画中国传统神话题材中的诸神与佛教护法神合璧的神仙云气，以示“天”。四披内容各有重点，依次为西披画二飞天高捧莲花供养侍佛，两侧有手足敲踏连鼓的雷公；东披二力士共举莲花摩尼宝珠供养侍佛，摩尼宝珠也叫如意宝珠，它是佛教的珍宝，意指能如自己意愿而变出种种珍宝之宝珠。宝珠两侧画伏羲、女娲，他们的形象为人身蛇尾，穿大袖衫，披长巾，手持规、矩和墨斗，胸前圆轮中分别为三足乌和蟾蜍，在中国传统神话中，伏羲和女娲是创造人类的神，也是中国的日月神。围绕四披的中心内容绘制有雨师、礔电、乌获、飞廉、三皇、羽人、朱雀、飞天等神灵的形象。古代画工以丰富的想象力将这些自然神的形象描绘得生动有趣。如雷神的形象是虎头、人身、鸟爪，臂生绿毛，四周画绿色十二连鼓。当雷神左手旋转连鼓，右手推椎击打时，就能发出隆隆的打雷声。还有飞廉（又叫风伯），形象为驴头、鹿身、臂上生翼，当它展翼奔腾时即能生风。诸神或腾跃翱翔，或昂首奔驰，“天空”天花飞旋，流云飘逸，满壁风动。四披下部绕窟一周画山峦林木、飞鸟走兽。山林间有在草庐内禅修的僧人，林间还有奔跑的野牛等动物，以示“地”。

第 285 窟主室西披　飞天与雷神

第 285 窟主室南披　山峦林木、飞鸟走兽和禅修的僧人　西魏

第 285 窟主室北披　诸神翻腾翱翔　西魏

诸神相遇

第 285 窟西壁是以佛教和印度教诸天神灵组成的世界，神灵的名称、形象、衣冠服饰、姿态动作、凹凸晕染等表现技法，都受到明显的传自印度、中亚、西域的外来文化影响，是具有敦煌特色的西域风格壁画。

摩醯首罗天（湿婆神）。西壁大龛北侧上方一人骑在青牛背上，全身黑色，三头六臂，上举的两手托日月，中间两手持铃和箭，胸前一手持弓者，是摩醯首罗天，原型是印度教的湿婆神。发际中画一天女，是恒河神，恒河原本在天上，到地上时，河神没有随恒河同落，而是落在湿婆头发中，以免引起大地震动。最近也有学者研究认为这可能是风神。

鸠摩罗天（塞犍陀，童子天）。摩醯首罗天下方右侧，乘孔雀，一面四臂，手持武器、公鸡、葡萄，头饰童子髻，是鸠摩罗天，又叫童子天。传说他是摩醯首罗天的次子，又说他大梵天的化身，是战神。

日天
那罗延天
尼乾子
禅僧像
天王

摩醯首罗天

月天

第285窟　西壁　西魏

鸠摩罗天

毗那夜迦

禅僧像

毗那夜迦（俄尼沙，欢喜天）。与鸠摩罗天并坐，象头人身，一手握象鼻，一手持物。传说他是摩醯首罗天与雪山神女所生，长子，障碍神。佛教说他领诸毗那夜迦类，“行诸恶事”。但是，只要把他供养好，即可“作法无碍，皆得成就”。

那罗延天（毗纽天，韦纽天，毗湿奴）。正龛右侧，与摩醯首罗天相对的是那罗延天，三头八臂，主头为白色，另外两头一绿一黑，表情不同。上面两只绿手高擎日月，下面两只黑手持莲花及转轮，手与头的颜色是相对应的。原本是古代印度神话中的毗纽天，是宇宙维护之神。

尼乾子。南侧小龛外绘了一身左手执鸟、上身裸露、瘦骨嶙峋的外道形象，他就是耆那教的开祖尼乾子。尼乾子是释迦牟尼在世时势力最强的六师外道之一。有一次，尼乾子手执一鸟问释迦牟尼佛，这鸟是生还是死的？佛没有回答。因为佛陀明白，如果答生，他将会杀死鸟，如果答死，他将放生鸟。尼乾子形像在此出现，就是来说明佛陀的大智慧。

这些原本是印度婆罗门教的神灵，后被佛教所吸收，变成了佛教侍从、护持的神灵，称为护法神。

在西壁南北龛上部接近窟顶处，相对画着日神和月神。日天——南上角画一圆轮，中间有一穿菩萨装的天神，轮车两侧各有两匹马相背奔驰，以示日天当空运行，光明普照生民大地。月天——北上角也有一个圆轮，中间有一人作菩萨状，端坐在轮车上。两侧有白天鹅，相背飞翔，前面有天人及眷属，月神下方有三狮驾车，力士持盾双手托举，作战斗状。据专家研究，此窟出现的日月神形象受到了来自印度、希腊、罗马日月神的影响。

西壁壁画以土红为底色，人物身体壮实，菩萨上身裸露，下身系裙，敷色浓丽，肌肤以凹凸画法叠染，线条遒劲挺拔，表现出浓郁的西域风格。

五百强盗成佛

南壁主要绘制了“五百强盗成佛”因缘故事。相传在古印度有个叫乔萨里的小国有五百强盗，经常拦抢行人，致使道路断绝，民不聊生。国王遂派大军围剿，在官军的围剿下，五百强盗全部被俘，并被处以削鼻、剜眼、割耳等酷刑，后将他们放逐山林。被逐山林后强盗们号天哭地，悲痛欲绝。后为佛所知，以神通力吹雪山香药入强盗眼耳口鼻使其恢复如初，并为强盗说法。五百强盗后皈依佛门。

画面按情节发展的先后顺序，统一地将故事组织在完整的空间环境之中。构图开始就是高潮，描绘激烈的战斗，接着调子逐渐降低，最后归于平静，作战和施刑的场面气氛强烈，皈依和参禅的场面平和宁静。建筑物和山石树木起着分隔画面不同情节的作用。这幅壁画将这个印度佛教故事完全中国化了。画面中的强盗穿着当时流行于中国北方百姓间的褶裤；印度国王则头戴中国皇帝的通天冠，身着大袍，手挥尘尾。人物、建筑、山水、风情，包括横卷式布局和榜题，都来自汉晋社会及其艺术。

五百强盗经常断路劫人

五百强盗战败被俘

国王审讯，判处酷刑

五百强盗被剥衣挖眼

被放逐山林

具装铠

第 285 窟　五百强盗成佛图　西魏

斗鸡图

栩栩如生的斗鸡

在五百强盗成佛图中，还绘制有一幅生动有趣的斗鸡图。画面上两只雄鸡站立于屋顶，树毛振翼，悍目发光，引颈昂首，尖嘴利爪，正相对作伺机进攻状，两只斗鸡的神态乃至力量感都栩栩如生地表现出来了。

神奇的具装铠

五百强盗成佛图中，在强盗们拒捕和受刑的场面中，骑马的官军头戴兜鍪，身披带有披膊的裲裆铠，手执长柄马稍。骑士胯下的战马全身披裹着具装，头颈和躯干都被具装遮住，只有马的眼睛、口鼻、耳朵和四肢、尾巴露在外面。

这幅画面真实地反映出北朝重装骑兵——甲骑具装的面貌。南北朝时期，军队的主力军仍是骑兵，骑兵部队的核心是骑兵和战马，他们披裹着的护甲称为“甲骑具装”。“射人先射马”，骑兵打仗丧失了战马，就难以驰骋疆场征战杀敌，因此对战马施加防护装具十分重要。而“具装”就是战马所披铠甲的名称，或称为“具装铠”，是重型骑兵的标配，战斗力极强，也是当时非常昂贵的一种兵器。

西汉时期，虽已有少数骑兵身披铠甲，但是所有的战马都没有防护装具。东汉时期，开始使用战马防护装具，但仅是皮革制成的“当胸”。直到曹魏以后，骑兵才使用了较完善的马铠，但数量有限。例如曹操与袁绍作战时，军中装备的马铠就相当少。曹操曾经在《军策令》中说“本初（袁绍）马铠三百具，吾不能有十具”，以对比自己和袁绍战斗力的悬殊差距。

凿仙岩以居禅

正壁南侧佛龛内，塑有一身禅僧像，是本窟彩塑的代表作。禅修是早期佛教僧侣们的重要修行方法，禅的意思是思惟修，指僧人通过静坐、苦思冥想，以达到对佛法哲理的觉悟。这个禅僧身着色彩明快的水田袈裟，裹头缠身，双手作禅定印，头微俯，双目凝视，双唇轻合，凝神沉思，好像刚刚入定。龛壁以土红做底，红色和白色光焰纹交织的圆形头光以及装饰有小花的白色三角形背屏，都烘托出了禅僧的宁静。合体的袈裟，隐现圆润的肌体，通体造型上实下虚，工匠着意于塑像头部的刻画。面部刻画细腻，天庭饱满，肤色红润，眉清目秀，鼻直口方，清秀俊逸的面相中透出颖悟睿智、潜心参禅的神情。

四披与四壁相交处绕窟一周共画了三十五个禅窟，内坐禅僧，有的穿通肩袈裟，有的穿对襟袈裟，双手放在胸前作禅定印，体现了“凿仙岩以居禅”的北方重禅行的学风。在禅窟的后面描绘出的是山峦重叠、树木掩映的自然风景，其间有各种在林间活动的鸟兽，形象真实生动。如饮水的黄牛、惊慌的羚羊、跳越山峰的鹿、攀登悬崖的野猪、登山摘果的猕猴、冲出山林的野牛等。这些画面描绘的是一个生机勃勃纷乱喧嚣的环境，而在草庐中修行的禅僧们则裹衣端坐，闭目沉思，对外界视而不见，听而不闻。这种喧嚣的环境更加反衬出了禅僧们修禅时所达到的寂静境界。

第 285 窟内容十分丰富，既有佛教内容，又描绘了中国传统的神仙和天宇，还有印度婆罗门教诸神。在同一个洞窟中，既有印度的日月神，也

第 285 窟　天王　西魏

有中国的伏羲女娲；既有印度的大力士药叉，又有中国的大力士乌获；既有印度佛教中的飞天，又有中国传说中的羽人；还有中西方不同风格的风神。各路神灵，以佛教为媒介，经过中亚、西域传到敦煌，中国的神灵有的已扎根敦煌，有的从南朝经中原，通过河西走廊传入敦煌，中原与西域（包括印度）两种不同风格的艺术，在这里相遇。

总之，第285窟是莫高窟早期重要洞窟之一，从洞窟形制、壁画内容、信仰思想、审美理想、艺术风格等方面都体现着中国传统文化与外来多元文化交流从并存到逐步融合的过程，表现了敦煌艺术在继承民族传统的同时，大胆吸收外来文化，为创造出新型的中国式佛教艺术开创了道路。

恬静的心态

第428窟

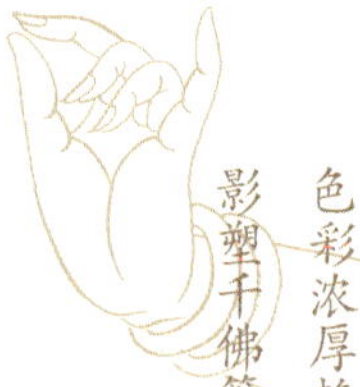

此窟规模宏大，四壁及佛龛四周共绘有一千多身供养人像，是莫高窟供养人像最多的洞窟。壁画内容丰富多彩，色彩浓厚艳丽，说法图、故事画、飞天、影塑千佛等令人目不暇接。

第428窟建于北周时期，是莫高窟北周时期规模最大的洞窟，也是莫高窟绘制供养人最多，影塑千佛最多，最早绘涅槃变题材壁画的洞窟，是北周时期具有代表性的洞窟之一。

洞窟形制为中心塔柱式，中心方柱四面各开一龛，每个龛内各塑一跏趺坐佛及二弟子，龛外塑二菩萨，龛沿绘供养人。主室前部为仿木结构的人字披顶，在仿木构的土红色椽子上面画石绿竹节和云气，在椽子之间都画有一个立式或坐式的供养菩萨，或伎乐飞天，或莲花化生。这些大小相同、造型类似、动态一样、方向一致、排列对称的形象，与忍冬莲花、藕荷、禽鸟、猕猴、黄羊等动植物协调地组合在一起，显得格外清新别致，

第 428 窟　主室全景　北周

富有极强的装饰效果。

后部为平棋顶，平棋是指洞窟平顶部位摹仿木构建筑“交木为井”的结构方法，以纵横连续的布局组成的装饰图案。这种平棋图案色彩瑰丽，构图规整，造型统一而富有变化。

主室中心柱的四个向面，每个向面都在圆券龛内塑趺坐说法佛一身、弟子二身，龛外塑菩萨二身。其中，主尊佛像贴壁而塑，面阔脸圆，眉清目秀，鼻直唇红，神态慈祥而有稚趣。站立在佛旁的两弟子比佛和菩萨都

第 428 窟　平棋图案　北周

第 428 窟　人字披、影塑千佛　北周

第 428 窟　飞天　北周

要小些，神态虔恭，仿佛正专心聆听佛法。龛外菩萨下着长裙，袒裸上身，一手放在胸前，一手自然下垂。菩萨面相与佛十分相近，只在发饰有区别，显得十分可爱，像妙龄少女，恬静可爱。这组塑像是北周彩塑之代表作品，塑像具有明显的中原风格，人物塑造得慈眉善目，但缺少佛像的庄重威严。

众生供养

这个洞窟四壁及中心柱下部绘有一千二百多身供养人像。这在莫高窟也是首屈一指的。供养人像是当时真人的肖像，也是洞窟的窟主。由于数量众多，画像程式化，千人一面，只是在民族特征、身份等级和男女性别等方面有所区别。有些供人的题名还很清楚。敦煌文献记载，东阳王元荣、建平郡公于义都曾在莫高窟开一大窟，所以有学者推测认为这个洞窟就是建平郡公于义带领沙州和凉州的沙门百姓共同集资开凿的。此窟的供养人有重绘现象，因为这些供养人画像叠压了两层，应该是最初的人物画像偏大，后来缩小重绘形成的重层壁画。时间久了，表层的一些壁画脱落了，底层的壁画重新暴露出来，所以只能粗略统计这个洞窟有一千多身供养人像。不难看出，北周时期开凿这样规模宏大的精美洞窟，需要巨大的财力人力，有了这些供养人的共同努力，才营造出了这一内容丰富、色彩瑰丽的宝窟。

第 428 窟　供养人像　北周

第 428 窟　降魔变　北周

降魔变

北壁绘降魔变，降魔变是依据佛经《贤愚经》绘制，佛经说，释迦牟尼潜心修道快要成佛的时候，群魔非常恐慌，魔王波旬率领魔军和他的三个年轻貌美的女儿来搞破坏，扰乱佛性。魔军挥刀舞剑，向释迦牟尼发起进攻，但在释迦牟尼的法力面前，剑断矛折，一败涂地，魔王恼羞成怒，又让他的三个漂亮女儿向释迦牟尼献媚，想以女色诱惑释迦牟尼，释迦牟尼施展法力使魔女变成又老又丑的老太婆。

画面中，释迦牟尼的形象高大突出，神色端庄；魔军则面目丑恶，一个个张牙舞爪，阵容混乱。三个魔女先是搔首弄姿、忸怩作态，向释迦牟尼献媚，但释迦牟尼泰然自若，不为所动，一手轻轻捻起衣襟，一手施降魔印。青春貌美的魔女很快就变成了丑陋不堪的老太婆。右下方的老太婆皮肤松弛、老态龙钟、额上布满皱纹、牙齿似乎也松动了。面目狰狞的妖魔们一开始张牙舞爪，凶狠狂躁，不久都被释迦牟尼施展的发力降服，魔王波旬最后也五体投地，跪在了释迦牟尼的脚下。这幅画人物刻画细腻传神，表情动作夸张，加上热烈的色彩，显得故事情节更加生动。整个画面形成了鲜明的对比。特别是以群魔的“动”来烘托释迦牟尼的“静”，通过强烈的对比，取得了以静制动、以善惩恶的宗教艺术效果。

萨埵太子舍身饲虎

东壁门南侧，绘制了萨埵太子舍身饲虎本生故事画，画面以长卷连环画的形式，分上、中、下三层展开故事情节。整个故事画面情节生动，扣人心弦。

古印度的宝典国国王有三个王子，最小的王子名叫摩诃萨埵，一天他们三兄弟骑着马到山中游玩，山林中景色优美，三个王子玩得特别高兴，不知不觉，已到了回家的时间。在回家的路上，经过一个山谷，他们看到一只母虎躺在山崖边饿得奄奄一息，旁边的七只小虎也饿得嗷嗷直叫。三个王子见此情景，都特别难受，但却想不出救助它们的办法，萨埵暗自决定要救活这只大老虎和七只小虎，于是他用谎言支走了两个哥哥，脱光衣服，躺在地上让老虎吃他。可是老虎太饥饿了，连吃他的力气也没有。于是萨埵爬到山顶上，找了一根尖锐的竹刺，用竹刺刺破了自己的喉咙，纵身跳下山崖，摔死在老虎的面前，老虎舔食了他身上流出的血液后，恢复了力气，带着小虎们食尽萨埵身上的肉。萨埵的两个哥哥久等弟弟不来，感觉情况不妙，慌忙返回山中寻找，只看见一堆白骨。他们知道弟弟已经舍身饲虎了，慌忙骑马回宫报信。国王和王后赶到山林里，看到小儿子的尸骨后，悲痛欲绝，抱尸痛哭。国王认为小儿子萨埵用自己的一条命救了八条命，这是大功德，于是下令收拾埋葬萨埵太子的尸骨，并起塔供养。

第 428 窟　萨埵太子舍身饲虎全图　北周

第 428 窟　须达拏太子本生全图　北周

须达拏太子本生

东壁门北侧的须达拏太子本生描述了这样一个故事：叶波国的太子须达拏从小乐善好施，有求必应，名扬天下，曾发誓“凡有求索，不逆人意”。他的国家有一头大白象，力大无穷，善于搏斗，能独战六十头大象，每与别国交战都会大获全胜。因此，敌国都非常惧怕这头大象，他们听说太子喜好布施，心生恶念，便买通了八个婆罗门人去向太子索要白象，太子为了不违背誓言，将大象施舍给了婆罗门。大臣得知后非常不满，将此事报告给国王，说太子的施舍使国库财物殆尽，现在又把大象施舍给了敌国，这样下去是会亡国的。国王闻讯后十分震怒，按国法将太子驱逐出国。太子毫无怨言，临行前又把自己所有的财产布施给了民众，百姓们听说善良的太子被驱逐出国，都前来送行，垂泪依依惜别。太子携妻子和两个儿子一起乘车离宫而去。一路上，太子又陆续把马、车、衣服等施舍给了前来行乞的婆罗门人，来到深山住了下来，他们用树枝搭建茅屋，饥食野果，渴饮山泉。两个孩子常常与山中猕猴、狮子戏耍。一天，妻子外出采果，这时又来了一个丑陋的婆罗门乞要两个孩子去做奴仆。两个孩子舍不得离开父母，哭闹着不愿离开。太子心中也万分难过，无奈最终还是将两个孩子的手捆绑起来，交给了婆罗门，让他牵着绳子，用树枝抽打着把孩子带走。等妻子采果回来，却不见两个儿子的踪影，悲痛万分。

后来婆罗门将两个孩子牵到街上去卖，叶波国的臣民认出这两个孩子正是国王的孙子，急忙到宫廷向国王汇报，国王又惊又喜把孙子接到宫中。

国王知道了儿子的下落，悔恨不该赶走太子，便立即派人到深山接太子回宫。太子的善行感动了敌国，敌国国王也表示愿意归还白象，但太子拒绝收回白象。从此两国和睦相处，友好往来。

这幅画描绘了从施象到施子等十七个场面，人物形象、衣冠服饰均都为中原风格。故事情节以连环画的形式，从北向南按“之”字形发展，以树木、山峦、房屋作为故事情节的间隔，既有装饰性又富有生活气息。画中太子施象时，婆罗门个个开心得手舞足蹈，之后一起骑着白象离开。太子在路上行进的情景刻画得十分生动，从乘马车，到自己拉车，最后到两个孩子分别骑在太子与妻子的脖子上，艰难向前行驶。这些画面，似乎都是我们日常生活中的场景，让人感到十分亲切自然，富有生活情趣。

此窟的壁画风格和人物形象，体现了中原与西域风格融合后，形成的一种“面短而艳”的新形象。这正是敦煌地处丝路要塞，本地的汉晋文化与外来文化相互交流、吸收、融合，形成了具有敦煌特色的宗教文化艺术的体现。

短暂的辉煌

第427窟

隋代在莫高窟的营建历史上是一个神奇的时代。隋代短短三十七年的时间，在莫高窟开凿了九十多个洞窟。隋文帝杨坚和隋炀帝杨广都是虔诚的佛教信徒。他们在致力于经济文化发展的同时，也大力提倡佛教，使中国佛教出现了全面复兴的局面。南北朝时期『南重义理，北重禅行』的风尚也走向了南北统一。

第427窟开凿于隋代中叶，洞窟分为前后室，前室塑二力士、四天王像，宋代建木构窟檐。主室平面长方形，窟顶前半部为人字披顶，后部为平顶，中央有一方形塔柱直通窟顶。本窟中心柱正面没有开龛，直接在柱前塑出一佛二菩萨立像，中心柱另外三面各开一佛龛，龛内塑一禅定佛二弟子像，主室前部的南北两壁前各塑一佛二菩萨立像，与中心柱正面的一佛二菩萨立像组成三身佛。四壁上部绕窟一周画飞天108身，四壁中部画千佛。千佛面部和塑像上妆彩贴金，使洞窟更加富丽堂皇，光彩夺目。

隋代在莫高窟的营建历史上是一个神奇的时代。隋代短短三十七年的时间，在莫高窟开凿了九十多个洞窟。隋文帝杨坚和隋炀帝杨广都是虔诚的佛教信徒。他们在致力于经济文化发展的同时，也大力提倡佛教，使中国佛教出现了全面复兴的局面。南北朝时期“南重义理，北重禅行”的风尚也走向了南北统一。隋文帝曾下令于瓜州崇教寺建造舍利塔，大力发展佛教。隋朝既保存了北朝洞窟中心柱的建筑形制，也出现了大型的佛像和新的壁画风格，表现出这个时期是承上启下开一代新风的时期。这个洞窟不仅有主室和甬道，还在宋代重修了一个木结构前室窟檐，在前室梁柱上有确切的年代题记。因此这个洞窟也是莫高窟一个标准窟形，是隋代洞窟中最完整的洞窟。

千年不朽的宋代窟檐

窟檐是洞窟前依岩建造的洞窟木构外檐，是防止风沙雨雪损坏洞窟的保护性设施，莫高窟现存洞窟中，根据石窟外岩壁上遗留的大量梁椽孔洞遗迹推测，大多数洞窟曾建造过木构窟檐。唐代《大历碑》记载，唐代莫高窟的外观景象是“构以飞阁，南北霞连”“前流长河，波映重阁”，蔚为壮观。遗憾的是历经千余年历史沧桑之后，大多窟前木构建筑已不复存在。莫高窟现存五座唐宋木结构窟檐建筑，第 427 窟是保存最完好、规模最大的宋代木构窟檐建筑。木构屋檐平直，简朴大方，屋角也不像内地宫殿建筑那样往上翘，呈现出一种古朴典雅之美。

第 427 窟本来是隋朝开凿的洞窟，到了宋代经过了大规模维修，并重建了窟檐，在前室横梁上还保存有“大宋乾德八年”（969）的墨书题记。

第 427 窟　窟檐建筑　宋（陈谷雨　摄）

乾德只有六年，这是因为敦煌地处边远，交通不便，消息传递缓慢而造成的。

这座宋代木结构窟檐，如今依然保存完好，每一位从莫高窟小牌坊经过的游客都可领略到这一简朴壮观、千年不朽的木构建筑风采。

淳厚质朴的隋代彩塑

主室中心柱的正面及南北两壁塑三大立佛，佛教称其为三世佛，即过去佛、现在佛、未来佛，每组塑像均为一佛二菩萨组成。这是莫高窟彩塑中最高大的三身佛塑像，也是隋代彩塑中的代表作品。

第 427 窟　佛、菩萨像　隋

第427窟　莲花伎乐边饰（临摹）

正面这身佛像头微微下低，面含微笑，仿佛在俯视着尘世的芸芸众生，庄严中透出慈祥的神情，左手平伸作与愿印，右手竖掌，手指向上，作无畏印，单纯而简练的袈裟，古朴而庄重的色调，衬托出佛内心的深厚与睿智。这几尊佛像头大脸圆、体格健壮、腿短身长、鼻直唇厚，具有隋代塑像淳厚质朴的显著特征。

佛两侧站在莲台上的胁侍菩萨，略低于佛像，她们面容端秀，含嫣而笑，与佛不同的是她们的衣饰华丽，头戴花蔓冠，上身着菱形连珠纹短上衣，下身着菱形花纹锦裙，肩挎红色披帛，浅绿色的飘带和金色的璎珞下垂。隋代开始，塑像的敷彩装饰有了突破性的变化，那种北朝时期只用几种单色做简单平涂的装饰，被丰富多彩的织锦图案和五光十色的璎珞饰代替。有些部位还以黄金贴饰，更显得交光互映，华贵富丽。彩塑的衣裙上有不少以狮子、凤和连珠纹构成的图案。这是吸收了波斯纹样风格后出现的图案，不仅真实地记录了我国纺织工艺的高超水平，也反映了隋王朝与波斯等国在经济文化等方面的友好往来。

四大天王与金刚力士

第 427 窟保存了十分珍贵的隋代塑造、宋代重绘的四大天王塑像。这些彩塑位于洞窟前室与宋代木构窟檐共同组成了石窟建筑中“天王殿”的结构。四大天王作为佛教中护法的代表形象在家喻户晓的《西游记》中被玉皇大帝派去镇守南天门。

第 427 窟　力士、天王像　隋

佛教中的四大天王是护佑佛法、保护众生的四位天神，他们分别是东方持国天王、南方增长天王、西方广目天王和北方多闻天王。根据佛教经典记述，四大天王护持须弥山山腰上的四座山峰，威震三界，护持四方。现实生活中佛教寺院也将他们的神像分列在专门的佛殿中，一般将供奉四大天王的殿宇称之为天王殿。

隋代在洞窟的前室一般都塑造天王、力士像，但能完整保存到现在的，只有这一组。四大天王身形高大，怒目圆睁，孔武有力，彩绘的铠甲和战袍更使得天王威风凛凛，天王的整体结构略有夸张，使塑像更加显得硕大魁梧。与此同时，天王脚下踩的恶鬼则显得身材短小、形象丑陋，有的仿佛已经承受不了天王的巨大压力俯伏倒地；有的则龇牙咧嘴奋力顶住天王的重量，好像在呻吟；有的尽力用手徒劳地想推开天王的脚。面对这些表情怪诞的地鬼，天王表情则显得稳重沉着，面含胜利的笑意，动作豪迈而不失将军的雍容气概，神态各异。美与丑，强与弱形象对比强烈。遗憾的是天王手中的法器已经不复存在。

前室门两侧塑的是金刚力士，他们是护法之士。左侧这身力士张口大呼，右拳回收，似乎正要向外砸去，他的头部与下颌、脖子等转折处，棱角分明，胸部、手臂隆起一块块强健的肌肉，表现出一个刚毅勇猛的战士形象。右侧这身力士正紧握双拳，似乎正准备上阵厮杀，他紧咬牙关，瞪圆双眼，健硕而又充满张力的肌肉表现出一种强烈的感情和正待暴发的力量。

第 427 窟　东壁门上飞天、千佛　隋

律动千佛

在中心柱正面、窟顶和四壁绘满了排列整齐的小小千佛。千佛四个一组，横成行，斜成列，上下各以一色相错，斜看同色相连，形成一道道色光，达到了佛光万丈的效果，避免了视觉上的单调，也增强了宗教神秘感和艺术上的装饰作用。千佛的面部原来都是贴金的，并在贴金上绘出了佛的五官，可惜的是大部分小千佛面部的贴金都被后人刮去了，残存很少的一部分小千佛面部如今依旧闪闪发光，遥想这个洞窟初建成时，一定是金碧辉煌，光芒四射。

舞动飞天

在四壁上部与窟顶相接处，绕窟一周，绘了108身飞天，是隋代绘制飞天最多的一个洞窟。飞天是佛教中的香音神，常在佛说法时从空中散花，或歌舞供养。这一长长的飞天行列，远远望去如一条美丽的花边，飞天一身接一身浩浩荡荡从窟后向窟前飞来，她们大都上身赤裸，着长裙，拖着长长的飘带，有的手托莲花，有的双手合十，有的怀抱箜篌，有的弹奏琵琶，或漫不经心，或凝神专注，或迎风疾驰，或悠然而来，千姿百态，轻盈飘逸。整个洞窟满壁风动，充满了勃勃生机。

欢腾的乐舞

第220窟

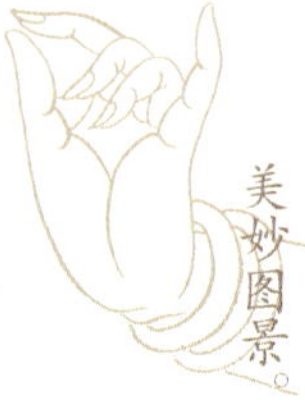

第220窟南壁的西方净土变，是空前绝后的壁画杰作，画面呈现了西方净土世界，没有天灾人祸，没有饥饿寒冷，人人丰衣足食的种种令人向往的美妙图景。

第220窟开凿于初唐贞观十六年（642），又名“翟家窟”，主室进深5.2米，南北5.7米，覆斗形顶，西壁开一平顶敞口龛，龛内塑一佛二弟子二菩萨，龛沿下有“翟家窟”字样。南壁绘西方净土变、北壁绘药师经变、东壁绘维摩诘经变，甬道北壁为五代绘新样文殊及翟氏供养人等。

1975年，敦煌文物研究所对220窟甬道表层宋代壁画整体剥离后，用了一个月的时间向门外整体推移并加固，使底层五代壁画完好地暴露出来，甬道南壁有翟奉达题写的《检家谱》。据《检家谱》《翟氏碑》和敦煌遗书等相关材料记载，我们知

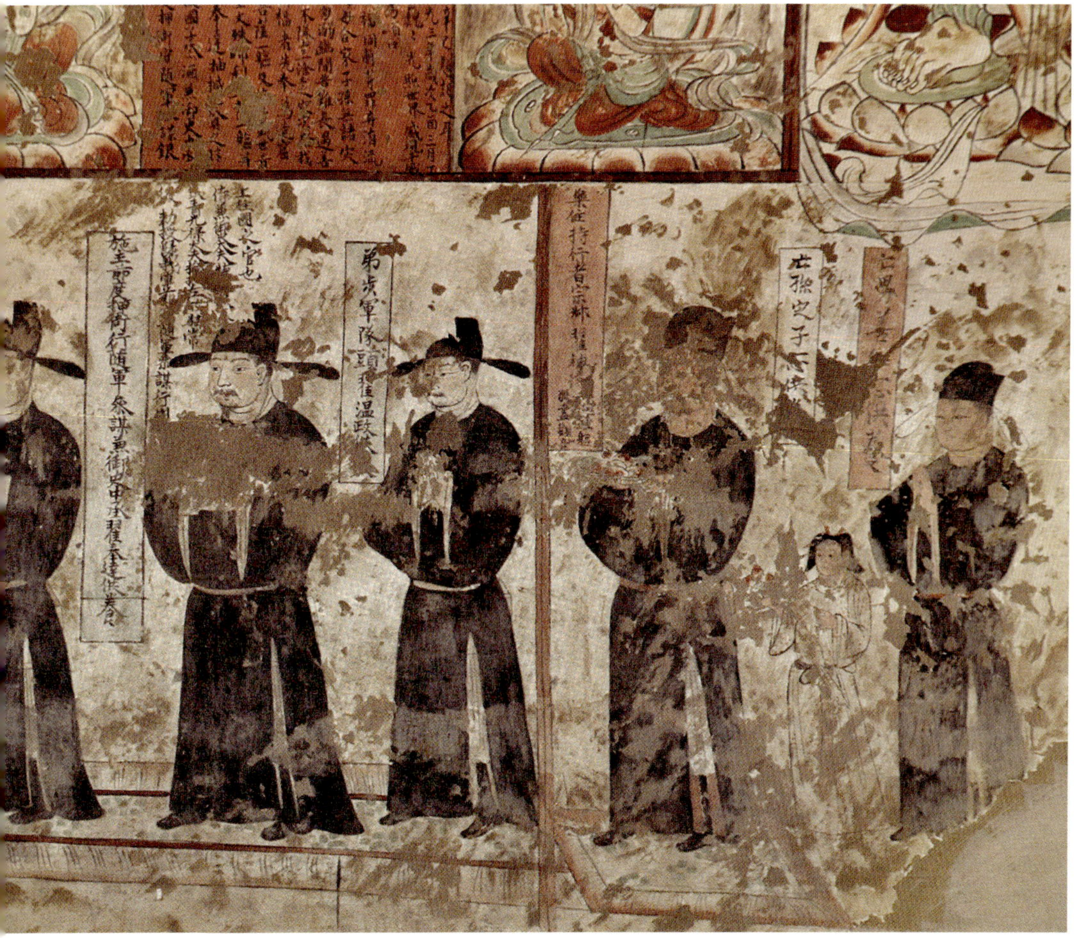

第 220 窟　翟氏家族供养人像　五代

道，翟氏为东晋以来世居敦煌的大姓。唐贞观十六年（642），翟迁之子翟通开凿了第220窟。

20世纪40年代初，第220窟表层宋代壁画被人剥去后，唐代初建时的“庐山真面目”才显现出来，壁画色彩艳丽，保存完好。而且有贞观十六年的题记，这个洞窟恢弘的壁画、瑰丽的色彩、真实的人物形象，都反映出大唐开国的博大胸怀和繁华富丽的景象，具有极高的历史价值和艺术价值。

西方净土变

莫高窟第220窟南壁的西方净土变，是空前绝后的壁画杰作，画面呈现了西方净土世界，没有天灾人祸，没有饥饿寒冷，人人丰衣足食的种种令人向往的美妙图景。中央阿弥陀佛结跏坐在宝池中的莲台上，佛着通肩袈裟，双手作转法轮印，两侧是观音、大势至菩萨。宏

第 220 窟　西方净土变　初唐

第 220 窟　西方净土变中的化生童子　初唐

伟的亭台楼阁耸立在碧波荡漾的七宝莲池中，周围有众多听法的菩萨，有的坐着，有的站着，神态安然舒适。天真稚气的化生童子在透明的莲苞里合掌端坐，或倒立，或在水中嬉戏。佛前的平台上舞乐齐动，瑞鸟和鸣。天空中飞天散花，飘荡在空中的各种乐器，不鼓自鸣。整个画面呈现一片欢乐祥和景象。古代画工将唐代现实中的宫廷生活搬入佛国世界，来表现佛国净土吉祥喜乐的一面。画面中的胡旋舞和化生童子刻画得非常细腻生动，是这幅经变画中的画龙点睛之作。

化生童子

化生童子，是人们往生西方净土世界之后，从莲花中刚刚出生的形象。七宝池中水波荡漾，荷叶碧绿，红莲盛开，有 14 个化生童子，与各种水鸟一同游戏其中。化生童子有的还在莲苞之中，有的已出莲苞，有的倒立在莲蓬之上，有的站在莲蓬上做各种游戏。其中两组游戏化生童子，一人站立在另一人的肩上。上面的童子身穿红色交领半臂衫，类似今天的儿童 T 恤，下着绿色短裤；下面的童子身着背带条纹裤。还有两身莲苞中的化生童子也穿着背带条纹裤。这种背带条纹裤，来自波斯或西域。这种背带条纹裤配小 T 恤的搭配，反映出古代敦煌儿童的穿着非常时髦。童子发式各不相同，表明他们年龄的长幼。童子所穿的衣服体现了敦煌中外兼蓄的开放特色，活泼可爱的童子形象，使整个画面更加生机勃勃，趣味盎然。

东方药师经变

北壁绘东方药师经变，佛经讲只要供养药师佛就可以消除病痛，一切如愿。画面中心是药师七佛，同时突出了四人对舞的乐舞场面，平台上 28 个乐伎组成的庞大乐队为其伴奏。壁画反映了当时宫廷乐舞的盛况，画面中共绘乐器 26 件，其中埙的图像，莫高窟仅此一例，花边阮仅有两例。所以这个洞窟又被称为音乐窟。

下方宝池中间是大型七层灯阁。灯阁两边，各有一对舞伎。西侧的两身舞伎宝冠高髻，手挥彩带，赤足站在小圆毯上，纵横腾踏，回身旋转，这对舞伎表演的是胡腾舞。东侧的两身舞伎头戴宝冠，高髻披发，上身赤裸，赤足站在小圆毯上翩翩起舞。飘带飞扬，快速旋转，就是传自西域的胡旋舞。舞伎两侧，各有一座三层莲花灯树，有二天女点燃灯烛。灯树两侧平台上，各有一组坐在花毯上的乐队，共 28 人，分别演奏着古筝、琵琶、箜篌、排箫、横笛、拍板、腰鼓、羯鼓等乐器。这

第 220 窟　东方药师经变　初唐

东方药师经变中的胡旋舞

些乐伎头梳高髻，戴宝冠，上身半裸，斜披罗巾，项饰瓔珞，佩戴手镯、臂钏等饰物，下穿长裙或短裤。整个画面动感强烈，洋溢着佛国的欢乐气氛。

五色彩幡是药师经变标志之一。佛经讲：求长寿，求富饶，求男女，都必须悬挂幡；如果是要摆脱重病或者是“应死更生”就需造五色续命神幡；如果是帝王后妃、各种王子、宫廷大臣、文武百官、黎庶百姓想要

东方药师经变中的灯烛与乐队

消灾灭难也要制作五色神幡。所谓的五色神幡，并不是指一块丝织物上有五种颜色。实际上是用五种不同花色的丝织物连接而成。从隋至西夏，只要绘制药师经变，其中就一定会有五色神幡出现，一般飘扬在佛国的上空，色彩鲜艳，造型优美，细腻地刻画了丝织物的质地花纹，具有很强的装饰效果。

纵观整个画面，药师七佛端庄慈祥地站立在水池中的勾栏平台上，药师佛像的上方是双树华盖，宝饰垂幔，彩幡飞舞。在药师七佛左右，八大菩萨穿插其间。水池中央的平台，以红蓝二色琉璃铺成，富丽繁华，宝台的栏边，有侧身倚栏而坐的菩萨四身，手捧莲花，合掌礼佛，水池中碧波荡漾，莲花盛开。宝台两侧是姿态各异的菩萨，十二药叉大将勇猛威武，两队盛大的乐伎，神情专注地正在伴奏，四位舞伎，旋转跳跃，热情奔放。这幅气势恢弘、构图完整的药师经变画，灯火辉煌，歌舞翩跹，繁华富丽的场面充分展示了药师净土的极乐景象。

维摩诘经变

"红豆生南国，春来发几枝。愿君多采撷，此物最相思。"这首《相思》即出自被称为"诗佛"的唐代诗人王维之笔。而王维，就与维摩诘有一定关系，因为他将自己的字命为"摩诘"。这个"摩诘"就源自"维摩诘"中的"摩诘"。之所以取这个字，是因为王维把这位在家居士当作自己的偶像，以此表达敬意。莫高窟的维摩诘经变是唐代最盛行的题材之一。这幅维摩诘经变气势宏伟，构图严谨，人物刻画细腻，是初唐杰出作品。

据《维摩诘经》记载，维摩诘是个富翁，家有万贯财产，奴婢成群。但他并没有沉浸于物质世界，而是勤奋学习，虔诚修行，最后被人称为菩萨。这一点，从他的名字中就看出。他的名字是梵文，意译过来就是净名、无垢尘，意思是以洁净、没有污染而著称的人。维摩诘居士精通佛理，思

第 220 窟　维摩诘经变　初唐

维摩诘经变中的中原帝王

维敏捷，辩才无碍。口才好的他喜欢宣讲大乘佛法。一天，他在家中装病，等待佛门弟子登门看望他时展开辩论。释迦牟尼知道维摩诘故意在家装病，准备派一位弟子前去探视，以表关心。不过，这个探病的人选却让佛祖为难，因为大家都心知肚明，维摩诘是想引人前去与他辩论。佛祖先后派遣十大弟子、四大菩萨前往，但都知道维摩诘辩才的厉害推辞不去，最后只好派“智慧第一”的文殊菩萨前去问疾。“明知山有虎，偏向虎山行”的文殊菩萨，做好了与维摩诘“雄辩一场”的准备。知道这两位大士必有一番不同寻常的辩论，百千天人及众多的弟子都跟随文殊菩萨来到了维摩诘的住所。他们一见面就展开了激烈的辩论，各显神通，互不相让。

维摩诘与文殊菩萨相对而坐，维摩诘目光炯炯有神，身体前倾，表情慷慨激昂，咄咄逼人，似乎正在激情演讲。对面的文殊菩萨头戴宝冠，披巾系裙，举止从容，神态庄重，与维摩诘兴奋激动的神色形成鲜明对照。文殊下方是一位中原帝王，帝王形象高大，头戴冕旒，着青衣、朱裳，上绘日月山川十二章。帝王双臂平伸，侍臣扶侍，在群臣簇拥下阔步前行，气宇轩昂。随行的群臣神情各异，有的面目和善，落落大方，有的小心谨慎，尾随其后。这幅维摩诘经变画结构严谨，敷彩热烈，生动活泼，对人物神情、性格的描绘出神入化，特别是帝王形象的刻画，可与传世名作阎立本的《历代帝王图》相媲美。

宏伟的丰碑

第96窟与九层楼

今天，每一位来到敦煌莫高窟的游客，远远就可以看到一座气势雄伟的红色楼阁依山而建，蔚为壮观。这座红色楼阁在蓝天白云、绿树黄沙的衬托下格外耀眼。

九层楼位于莫高窟南区中段，是莫高窟的标志性建筑。九层楼窟檐依崖建造，层层叠垒，几乎与山崖等高，高达45米，下八层为依崖建造的五间六柱大型两角窟檐，檐角上翘，有线脊，下垂风铎，也称作铁马。第九层为八角顶，顶上竖3米高的宝瓶。整个窟檐把莫高窟最大的弥勒佛像包围起来，起到了遮风挡雨的作用。

今天，每一位来到敦煌莫高窟的游客，远远就可以看到一座气势雄伟的红色楼阁依山而建，蔚为壮观。这座红色楼阁在蓝天白云、绿树黄沙的衬托下格外耀眼。

九层楼（盛岩海 摄）

伯希和考察队所摄北大像（今第96窟）

九层楼的修建

据莫高窟碑文及藏经洞文献记载，九层楼建于初唐时期，木构建筑初建时只有四层，从它始建至今已经重修过五次。第一次改建，由晚唐沙州归义军节度使张淮深主持，由四层增建为五层，改建后的窟檐“能与旭日连辉，堪同危峰争耸”，非常壮观。第二次修建是在宋代，由沙州归义军节度使曹元忠及家人到莫高窟避暑，看到大佛像窟檐多年失修，破烂不堪，主持拆换了楼阁下两层撑木，窟檐仍是五层。第三次维修是清朝末年，敦煌商民戴奉玉捐募集资，历时六年，由五层改为七层。第四次重建是民国十七年至二十四年（1928—1935），据《重修千佛洞九层楼碑记》记载，这是最大规模的维修，敦煌官绅农商及莫高窟主持喇嘛易昌恕等人联合起来募化集资，重修了北大像窟檐。历时八年时间，将原来的七层楼阁增建到九层，这次工程最大，历时最长。改建后的九层楼巍峨绚丽，风铎悬响，梁木交错，气势恢弘。第五次维修是 1986 年，敦煌研究院工作人员发现窟檐第八层横梁断裂，有塌陷危险，便拆除第八层和第九层，更换了第八层的梁木，其他保持原貌。同时揭换了各层的脊瓦，用红漆刷新了各层梁柱、廊檐，并在第八层修筑了保护围墙，重修后的九层楼面貌焕然一新，也就是我们今天看到巍峨壮观的九层楼外貌。

北大像

在九层楼里，是创建于初唐时期的第 96 窟，是世界上最大的室内石胎泥塑弥勒佛像。位于第 96 窟以南的第 130 窟也有一身建于唐代开元天宝年间的大佛，古代通常把靠北面的第 96 窟大佛称为北大像，把第 130 窟的大佛称为南大像。九层楼也俗称“大佛殿”。

此窟直通崖顶，高 40 米，窟内没有壁画，依崖塑造敦煌石窟中最大倚坐弥勒佛像，高达 35.5 米。在室内泥塑造像中，其高度居全国之首，因此被称为“室内第一大佛”，也是国内现存第三大佛，第一为我国四川乐山大佛，第二为四川荣县大佛。

弥勒是音译，汉语叫慈氏。弥勒是佛国三世佛中的未来佛。佛经里说：弥勒降世以后，就会出现一个奇妙幸福的弥勒世界。这个世界里没有刀兵之祸，粮食一种七收，树上生衣，道不拾遗，夜不闭户，罗刹鬼扫地，龙王按时降雨，人寿八万四千岁，女子五百岁出嫁，人人丰足快乐，没有病痛和灾难。人们急切希望弥勒能够早日下生成佛，降世人间，带来一个美好安定的世界。

根据敦煌遗书《莫高窟记》的记载，武则天证圣元年（695），禅师灵隐及居士阴祖建造了这身大佛。武则天是中国封建社会里唯一的女皇，她当皇帝之前虽然已经掌握了实权，但作为封建社会里的女子想正式称帝，各方面的阻力是很大的。她一方面不择手段残酷镇压李唐儿孙，以清除障碍，另一方面使用佛教的力量为她篡位称帝制造舆论。她的心腹薛怀义、法明等十个大和尚伪造了一部《大云经》，又造出《大云经疏》来讨好武则天，引用《大云经》中的一句话“一佛没七百年后，为女王下世，威伏天下”，为武则天的登基大造舆论，甚至说武则天就是“弥勒下世”，应当顺从天意，取代李唐而为天子，武则天乘机废去了自己的儿子睿宗李旦而登上帝位，并将《大云经》颁布于天下，令各州县建大云寺，供奉弥勒佛像。她自称“慈氏越古金轮圣神皇帝”，第96窟可能就是当时沙州的大云寺，塑像右膝上放的便是《大云经》。

这尊弥勒大佛像倚山而凿，为石胎泥塑，先在崖壁上凿刻出大佛身体

第 96 窟　九层楼内北大像　初唐

的轮廓，然后用草泥垒塑，再用麻泥细塑，最后敷上色彩。大佛为倚坐之势，两腿自然下垂，两脚着地，双手支在腿上，目光下视，高大威严，具有震慑人心的气势。大佛的右手上扬作施无畏印意为拔除众生的痛苦，左手平伸作与愿印，意为满足众生的愿望。大佛的面庞丰满圆润，低低的肉髻，刻着波状纹，表现手法与龙门石窟奉先寺大佛很相似。

唐代以后，因为地震等原因，大佛窟檐倒塌，佛像损坏，所以现在看到的大佛面貌并不是初唐的原作，后世对大佛进行过多次重修，但大佛依崖凿成的石胎还保存唐代形状，所以后代重修大佛的身材比例和基本姿态仍保持唐代风格。

大佛现在身着的红色袈裟和垂裙边沿龙凤彩纹是1928年重修九层楼时重新彩绘的，大佛原来的两只手，不知是何时重修的，双手与大佛身体不成比例，塑造粗陋。1987年，敦煌研究院的艺术家拆除了这两只手，进行了重新修复，重修后的佛手纤长细腻，与高大威严的大佛非常相称，也就是我们今天看到的大佛像的外貌。

这尊大像因多次重修，虽非唐塑原貌，但仍不失雄伟壮观的气势。现在我们看到的这身大佛，只有两只脚保存了初唐原作，未经后来改动，从佛丰满圆润的两只大脚，可以看出唐代以丰肥为美的特点。在佛座之下，还有一条可以绕行的通道。每年四月初八佛诞日，按敦煌老百姓的风俗，这一天，人们要从大佛身背后通道右绕三匝，俗称为“钻关”，佛教认为这样可以消灾避难，祈求佛祖保佑健康平安。

莫高窟第一大佛气势宏伟，九层楼巍峨壮观，檐牙错落，铁马叮咚，似乎在诉说着莫高窟的沧桑岁月。九层楼已成为莫高窟一座不朽的历史丰碑。如今莫高窟九层楼前的广场，绿树成荫，繁花似锦，游客来到莫高窟，都会在气势雄伟的九层楼前驻足观赏，拍照留念。

慈悲的观音

第45窟

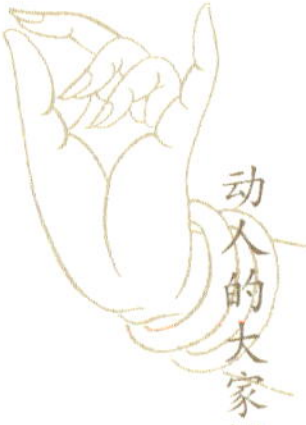

她们身体呈优美的S形，，婀娜多姿，既超凡脱俗，又雍容华贵，恰似楚楚动人的大家闺秀。

第45窟开凿于盛唐时期，为覆斗顶形殿堂窟，平面呈方形，西壁开一敞口龛，龛内现存有七身塑像，是唐代彩塑艺术中的杰出作品。南壁绘观音经变，北壁绘观无量寿经变，均为盛唐原作。本窟壁画保存完好，线条细腻，内容丰富，层次分明，色彩鲜艳，呈现出一派富丽堂皇的盛唐气象。前室甬道壁画为五代重绘。

精致绚烂的盛唐彩塑

西壁佛龛内的七身塑像，是莫高窟最精美的彩塑群像，以佛为中心，主尊释迦牟尼佛结跏趺坐在莲花宝座上，两侧分别是站立的弟子、菩萨、天王像。

第45窟 彩塑 盛唐

第 45 窟　右胁侍菩萨像　盛唐

第 45 窟　天王像　盛唐

我们仔细欣赏这组塑像可以发现，佛祖温和慈祥，双眼微微俯视，正在给弟子们讲经说法，慈祥的眼神中充满睿智的光彩。佛身后的头光和身光及一道道凸起的泥条金饰，绘塑互映，更显得层次分明。结跏趺坐的佛祖，身下的布幔显得非常轻薄，似乎佛祖一站起，布幔就会掉落下来。整座造像塑造比例非常协调，雕刻十分精妙，千年过后，魅力依旧。

大弟子迦叶是一个饱经沧桑、眉头紧锁，具有长者风范的虔诚弟子。阿难双手抱于腹前，身披红色袈裟，胯部微微倾斜，眉清目秀，恭敬中透出青年的朝气。迦叶和阿难，一老一少，一个老成持重，一个年轻洒脱，一个睿智达练，一个童心外溢，形成鲜明的对比。

两尊造型相似的胁侍菩萨。她们身材修长，姿态妩媚，上身半裸，呈现出冰清玉润的肌肤，似乎能感觉到她的体温。下身着华丽的锦裙，轻柔的长裙从两腿间往后飘扬，表现出丝绸衣料的柔软质感。她们身体呈优美的S形，婀娜多姿，既超凡脱俗，又雍容华贵，恰似楚楚动人的大家闺秀。

两侧的天王，身披铠甲，下着战裙，瞪目启唇，一手叉腰，一手挥拳，威武凶猛，足下踏一小鬼，小鬼脸上充满了愁苦挣扎之色，表现出其威武强悍、英姿飒爽的性格特征。

这组塑像刻画精细、形神兼备、栩栩如生，是唐代雕塑艺术的杰作。整组人物无论是造型、体态、面相还是神情，都达到了高度的和谐统一。显得有动有静，动静结合，内心世界鲜明，性格各异，从这组塑像可以看出，艺术家们是根据现实生活中的妇女、将军等形象来塑造弟子、菩萨、

第 45 窟　弟子、菩萨、天王像　盛唐

天王像的，这些来源于生活的艺术创作，使这些神灵看起来格外亲切。他们表情安详，目光俯视，似乎每一身塑像都在慈祥地看着你。

观音经变

南壁整壁绘观音经变，根据佛教的《法华经·观世音菩萨普门品》绘制，在敦煌佛教艺术中，将单独绘制的观音普门品称为观音经变，这个洞窟的观音经变规模最大、艺术水平最高，是莫高窟同类题材中的代表作品。

佛经中说，当人们遇到灾难时，只要诵念观音名号，菩萨就会即时观其声音，前往拯救苦难，有求必应。同时，他还可以根据念其名号者的不同特点而显示三十三应身前来拯救世人。因此，又有六观音、七观音，乃

第 45 窟　观音经变　盛唐

至三十三观音等不同的称号，其主体称圣观音。相传，观音菩萨显灵说法的道场是浙江的普陀山。敦煌历代石窟都有大量精美的观音塑像和壁画，莫高窟第45窟南壁盛唐时期画的这幅观音普门品堪称最为完美。

观音菩萨是阿弥陀佛的左胁侍菩萨，是西方三圣之一。佛典所描述的观音菩萨大慈大悲，救苦救难，因此广为佛教徒和世人所爱戴。画面正中为观音菩萨，头上是莲花摩尼宝珠华盖，头戴化佛冠，上身半裸，斜披衣巾，体态优美，面相丰满圆润，眉清目秀，神态端庄慈祥，嘴唇上画有蝌蚪式的小胡须，嘴角流露出似笑非笑的含蓄表情。画面以女性的妩媚温婉、美丽善良来塑造人们理想中慈悲为怀、垂怜众生的观世音萨形象。在观音立像的两侧是观音现三十三应身说法像和有求必应、救苦救难图，是非常珍贵的反映唐代社会生活的形象资料。

胡商遇盗图

胡商遇盗图是观音经变中重要的情节之一。这是表现商队遇到强盗时观音救难的画面。在一个深山峡谷中，一群胡商，头戴毡帽，身穿胡服，个个都是高鼻深目、满腮胡须的西域商人，他们牵着毛驴，背上驮着货物，在山谷中行进。忽然从悬崖后冲出三个身着汉装，手持大刀的强盗拦路抢劫。商人的后面是驮着丝绸珠宝的毛驴，他们把几捆丝绸和一包袱财物放在强盗的面前，双手合十，低头弯腰，一心颂念观音名号。或许是观音显灵，画面中一旁的盗首一手持大刀，另一手竖起示意不取财物，即刻放行。此画反映了即使在太平盛世，中西交流的路途上依然充满艰难险阻。

监狱图

佛经讲，如果有人枷锁上身，只要一心称颂观音名号，枷锁都会自然断开，犯人就得到了解脱。画面中有一圆形的城堡式监狱，有两层围墙，外层方形，内层圆形，在墙头上设有鹿砦，牢门大敞，监牢内有一个犯人脖子上戴着枷锁，正专心默念观音，乞求解脱。监狱的外边，两人被观音解救后，走出了监狱。脚镣、手铐、木枷等种种刑具被破碎遗弃在地上，表示念观音名号之后纷纷断开，出狱后的两个人，双手合十，虔诚地向观音礼拜。经文中并没有牢门自开、监禁不守的记述，因此，这两处应是画工根据经文发挥自己想象绘制的。画面把监狱中受苦和监狱外得救的情景刻画得细腻生动，是展示盛唐时期监狱的珍贵图像资料。

航海遇难图

大海中，海船遇到了风浪袭击，颠簸起伏，狂风把风帆吹成半圆形。此时的海船艰难行驶，漂向吃人的罗刹鬼国。船上的寻宝商人吓得惊慌失措，慌乱中口念观音，跪拜求救。船工奋力地划船，海中的恶龙怪鱼跃出海面，扑向海船。岸上的罗刹恶鬼，张牙舞爪，狂呼乱叫，扑向海船，海船上一人正双手合十称颂观音名号。佛经讲，如果寻宝人在大海中遇到黑

第 45 窟　胡商遇盗及监狱图　盛唐

第 45 窟　航海遇难图　盛唐

风，船中若有一人称颂观音名号，全船人都可以逃离罗刹之难。画面中把遇难众生的惊恐不安，罗刹鬼的得意忘形表现得淋漓尽致。

观无量寿经变

此窟北壁为观无量寿经变，观无量寿经变是依据《观无量寿佛经》绘制的。观无量寿经变主要描绘了美妙的西方极乐世界，也就是佛教中经常宣扬的西方净土。“净土”一词，人们并不陌生，它往往给人们无限美好的联想。直至今日，许多洁净、美好、祥和之地也被称为“净土”。净土作为佛教的彼岸世界观随大乘佛教的盛兴而产生。佛教的净土很多，其中影响最大的就属“阿弥陀净土”，亦称“西方净土”或“西方极乐世界”。据佛经中描绘，在西方极乐世界中有七宝莲池，池中充满了八功德水，池底布满金沙，池的四周及亭台楼阁，用金银、玛瑙、琉璃砌成，池中莲花娇艳无比，个个大如车轮，天乐不鼓自鸣。每到一定的时刻，天空会纷纷扬扬撒下无数曼陀罗花，奇禽异鸟四处纷飞，啼鸣婉转动听，每到这个时候，受众们便不由得赞颂佛、法、僧三宝。在西方净土的众生没有烦恼痛苦，只有幸福欢乐，故名“极乐世界”。无量寿佛即阿弥陀佛，是阿弥陀净土的主佛。信徒只需称其名号，临终时便可往生西方净土。正是修行方式的简单化，使得阿弥陀信仰深入人心。

这幅画的中间部分主要表现了无量寿佛也就是阿弥陀佛所在的西方净土世界。整个画面以无量寿佛为中心，无量寿佛坐于莲花宝座上妙音宣法，身披袈裟，结跏趺坐于莲台之上，肉髻高隆，长眉入鬓，眉间的白毫放光，慧目微启，双耳垂肩。造型端庄持重。周围是众菩萨静心聆听。前有菩萨一心供养，后有花树茂盛，上有宝盖高悬，周围池水栏楯，水中画有出水芙蓉，歌台工整，绘制精细。佛说法的场面是《观无量寿佛经》的重心，因此描绘得很精细。下面画有伎乐天七人排列于方毯之上，演奏排箫、竖笛、箜篌、琵琶、横笛、钹等乐器，排列造型颇具匠心。中间是二身舞伎，均裸上身，下着裙，双手执带相对而舞，飘带翻飞，红绿相间，节奏感颇强。

第 45 窟　观无量寿经变　盛唐

涅槃的境界

第 158 窟

进入涅槃境界的佛陀，他内心的沉着、从容以及大智大勇，都在这泰然自若的神情中呈现出来。他还没有完全对这个世界闭上眼睛。他对自己生前一切苦难的经历、所证得的无上的智慧成就感到欣慰。

李唐王朝自安史之乱以后，国势日渐衰败，吐蕃乘虚而入攻占了河西，并于建中二年（781）占领沙州，管辖时间近八十年。出于对佛教的信仰和统治的需要，吐蕃王朝大力推崇佛教。吐蕃统治敦煌时期，采取有效措施，利用当地世家豪族统治沙州地方，广度僧尼，发展佛寺，派吐蕃大德高僧管理敦煌佛教并参与政事。到后期甚至将敦煌地方的部分政权、军权和税收管理权也都交给了世家豪族，使吐蕃政权维持稳定，佛教也得到空前发展。在莫高窟，属于这一时期的洞窟不但数量可观，内容也更加丰富，留下了大量珍品。

第 158 窟开凿于中唐时期，是吐蕃统治时期具有代表性的洞窟之一。

第158窟位于莫高窟窟区南端，是莫高窟著名的涅槃窟。洞窟平面为横长方形，加上盝顶，恰似一口巨大的棺材，进深7.28米，横长为17.2米。洞窟中央设有一个1米多高的佛床，上面安卧着莫高窟最大也是堪称最完美的释迦牟尼佛涅槃像。在主尊涅槃像的两侧，分别塑了两尊佛像，南侧的立像为过去佛迦叶佛。迦叶佛面相圆润，头上螺发密布，大眼向下俯视，嘴角深陷，唇上和下巴装饰有蝌蚪纹胡须，着通肩袈裟，站在莲台之上。北侧的倚坐像为未来佛弥勒佛，佛像身后有硕大的头光与身光，弥勒佛左手抚膝，右手上举施无畏印。它们与现世的释迦牟尼涅槃像组合，表现了佛教的“三世”思想，即过去、现在、未来三世佛。过去佛为迦叶佛，现在佛为释迦牟尼佛，未来佛为弥勒佛。第158窟的三世佛塑像，不仅表现了三世的时间概念，同时通过涅槃这个主题，说明了佛教法统继承的关系。过去佛迦叶佛塑成立像，有别于另外两尊塑像，用以表示迦叶佛在释迦之前已完成自己的使命，法身已灭，而现在佛释迦牟尼也正面临涅槃，将由未来佛弥勒佛接替。第158窟因洞窟甬道北壁保存有“大番管内三学法师持钵僧宜”题记，可知这个洞窟是中唐（781—848）吐蕃政权统治敦煌期间建造的。近年来有学者研究认为修建此窟的功德主是来自中亚的粟特安氏家族。

安详的卧佛

正壁佛床上，佛陀安卧，整身塑像长15.8米，是莫高窟保存最大的

第 158 窟　迦叶佛与释迦牟尼佛　中唐

一身涅槃像。佛陀头南足北右胁而卧，右手枕于头下，左臂舒展自然地平放在身上。面庞丰满圆润，双眼若睁若闭，似睡若思，深陷的嘴角，微含着笑意，仿佛一位假寐的少女。身上的袈裟自然形成一道道柔和的衣纹曲线，与身体起伏的曲线相配合，构成了完美的韵律。

若是清晨走进第158窟，阳光洒落在恬静安详的佛陀身上，通身薄薄的袈裟覆盖着柔美的身躯，显得丰满而又柔软，他的胸脯仿佛微微起伏，心脏好像还在跳动，整个身体里似乎依然流动着血液，显示着不息的活力与蓬勃的生命。佛陀似闭非闭的眼睛，微微含笑的嘴角显得宽厚与宁静，他的表情中没有任何濒临死亡的痛苦和不安。佛陀如此安详，焕发出了超凡脱俗的慈悲之美。这里看不到佛陀涅槃的悲凉，没有死亡的阴冷和恐怖，空气里弥漫着温暖慈悲的氛围。涅槃到来的时候，他内心的沉着、从容以及大智大勇，都在这泰然自若的神情中呈现出来。他还没有完全对这个世界闭上眼睛。他对自己生前一切苦难的经历、所证得的无上的智慧成就感到欣慰。

涅槃经变

涅槃，是梵文 Nirvana 的音译，意为灭、灭度、灭寂，是指解脱生死轮回之苦以后获得的新的精神境界，是成佛的标志。佛教认为，一旦进入涅槃境界，就达到永恒常乐，永恒不灭的境地。佛教认为，人生是无边的苦海，佛教的根本宗旨就是启示众生脱离苦海，达到最高的理想境界。而实现解脱的唯一出路是识破并断绝世俗诸苦得以产生的根源，觉醒而达到

涅槃的境界。为了弘扬佛教这一重要思想，表现主题的需要，这个洞窟凿成了横向长方形，塑造了释迦牟尼的涅槃像，围绕卧佛像的三壁，是菩萨、弟子、俗众和各国王子举哀图。

西壁绘涅槃经变，表现佛涅槃时的众生百态。上排绘 19 身菩萨像，下排绘 17 身罗汉像，同时还绘了 14 身天龙八部护神像等。在涅槃像头部上方，绘释迦牟尼的大弟子迦叶奔丧和十大弟子举哀图，同时在佛床下，绘天王力士举哀、须跋陀罗先佛入灭以及外道谤佛等内容。这些扣人心弦的涅槃情景引人入胜，形象逼真地烘托了佛陀涅槃这一主题。

西壁上排绘 19 身菩萨像，庄严肃穆，神情端庄。菩萨属于大乘思想

第 158 窟　涅槃像与涅槃经变　中唐

的修行者，其修行仅次于佛，所以，他们理解佛涅槃的含义，知道佛涅槃不是结束了生命，而是断灭了人世间的一切尘缘，达到了他终生追求的最高理想境界。因此，他们对佛陀涅槃充满了憧憬，双眼凝视着释迦牟尼，面部表情恬静自若，没有悲伤，仿佛是在暗自低头冥思着自己何时才能修行到这种境界。与此截然不同的画面是下排 17 身罗汉画像，他们有的号啕大哭，有的捶胸顿足，痛不欲生，与菩萨的平静呈现出强烈的对比。罗汉是小乘思想的修行者，修行的境界低于菩萨。因此他们认为恩师永远离开了人世，以后再也没有导师来教导他们了，所以个个如子丧父，痛哭流涕，悲痛欲绝。

在菩萨和罗汉画像的北侧，绘四大天王和天龙八部护法神哀悼释迦的群像。护法神将威武雄壮，神采奕奕，护卫释迦牟尼佛。四大天王是帝释天的外将，分别居住在须弥山腰犍陀罗山上，各护一天下。天龙八部为诸天、龙神、夜叉、乾闼婆、阿修罗、迦楼罗、紧那罗、摩睺罗迦，他们头冠上都有表明自己身份的兽类标志，如冠上有龙者为龙神，戴大蟒冠者是大蟒神摩睺罗迦，头戴金翅鸟的为迦楼罗等。他们闻知释迦牟尼涅槃，神情悲壮凝重，似乎他们正在克制内心极大的悲痛心情，依旧巡视四方，承担着护卫佛法的重任。

西壁上方飞天手持七宝璎珞，表现佛祖涅槃后，有飞天在其身体上空飞行，遍散七宝、珍珠、香花、璎珞的情节。飞天头戴宝冠，乘彩云自空中缓缓而降，手执璎珞，虔诚地供奉于佛陀肉身，飞天面带忧伤，表情凝重，飘带似乎也显得厚重，迟缓了，深刻表达了飞天对佛祖涅槃的忧伤与不舍。

南壁迦叶奔丧的画面感人肺腑。释迦牟尼涅槃时，大弟子迦叶正在千里之外的山中率众弟子修行，他经常坐在一块色如琉璃的大方石上诵经行道。一天晚上，迦叶和弟子们在睡梦中都梦见方石从中破裂，周围的树木都连根拔起，有的梦见泉水枯竭，鲜花零落，有的梦见日月坠落，普天失明。迦叶梦见大地震动。早晨起床后，众弟子一起对迦叶讲述了梦中的事，迦叶预感梦中的征兆预示着释迦牟尼临将涅槃，于是他心急如焚，匆忙率领弟子们立刻启程，赶赴拘尸那迦城。等他长途跋涉到达娑罗双树，远远看到恩师的佛棺，他万分悲痛，双手高举，放声号哭，两旁的弟子把迦叶

第 158 窟　弟子迦叶举哀图　中唐

弟子阿难举哀图　中唐

紧紧地拉住，以防他扑倒撞地。

整个画面刻画细腻，十分生动。迦叶老泪纵横，嘴巴大张，高举枯瘦的双手猛扑金棺，痛不欲生。在佛前部阿难跪地抚耳，似乎正在倾听佛祖最后一次说法，无法面对佛已灭度的事实，周围的弟子们也都号啕大哭，伤心欲绝。这幅画面情真意切地表达了师徒之间的深厚感情，生死离别的感人场面让每一位观众都情绪跌宕，富有很强的感染力。

各国王子举哀图

北壁绘制的是各国王子举哀图，释迦牟尼佛涅槃的消息传出后，古印度的各国国王，立即率领大臣奔赴拘尸那迦城。由于此图绘制于吐蕃统治敦煌时期，将各国国王之首绘制成吐蕃赞普的形象，这是吐蕃统治时期敦煌壁画的特点之一。这身吐蕃赞普形象高大，气宇轩昂，头戴缠头高冠，辫发束髻于耳后，穿交领内衣，外套翻领左袒长袖缺胯衫。可惜的是这身吐蕃赞普画像的头部不知何时被人切割而去，现仅存头下部分。紧跟其后的是中原皇帝，头戴冕旒，痛哭流涕，有两位宫女搀扶前来哀悼。其后的 13 人个个高鼻深目，浓眉大眼，他们穿着卷领窄袖长袍，有的缚头巾，有的披发于肩，有的戴裘帽。其中还有南海昆仑王像，面部扁平，眼大唇厚，鼻孔朝天，肤色紫色，头发卷曲，项饰宝珠璎珞。这些都是当时西域各国首领的形象。他们不理解涅槃，以为佛涅槃就是生死离别，一个个悲痛欲绝，有的割耳，有的剖腹，有的削鼻，有的剜心，以本民族的哀悼形式表达对佛的虔诚敬仰和哀悼，形象壮烈，惨不忍睹。据史料记载贞观二十三年（649）唐太宗逝世，外来的哀悼者也出现过类似场面，这幅帝王哀悼图，以真实的图像记录了少数民族这种特殊的哀悼习俗，是十分珍贵的民俗史画。

佛母奔丧

在北壁右上角，画一比丘跪在云上，向一殿堂升去，比丘面对一妇女，从殿堂内走出，一贵女人带二侍女乘云而下。这便是表示摩耶夫人奔丧的情景。佛经讲：释迦牟尼快要涅槃的时候，他的母亲摩耶夫人在忉利天宫做了五大噩梦。天亮后，摩耶夫人便把所做的五大噩梦告诉了忉利天宫诸

第 158 窟　各国王子举哀图　中唐

第 158 窟　佛母奔丧图　中唐

天人，预感将有大事发生，正在她焦急不安的时候，释迦牟尼的弟子阿耶律上升至忉利天宫，告诉摩耶夫人释迦牟尼已涅槃的噩讯，摩耶夫人听到后悲痛倒地，不省人事。诸天女急忙撩水洒面，摩耶夫人良久乃醒，自拔头发，泪流满面，立刻召集诸天女等眷属从忉利天宫乘云而下。画面中的摩耶夫人凌空而下，形象地表现出了她此时的急迫心情。

文殊的世界

第61窟

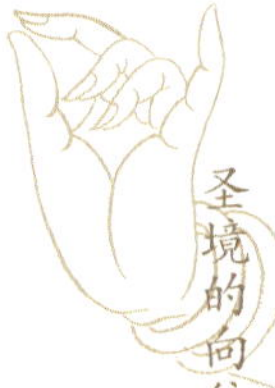

莫高窟作为丝绸之路上的佛教圣地，东来西往的僧侣在此停留巡礼，也留下了五台山图，于是当地佛教徒怀着崇敬之心绘制了这幅《五台山全图》。因此，这幅壁画的一笔一画，一山一庙，都饱含着佛教徒对佛国圣境的向往。

第61窟建造于五代曹氏归义军节度使曹元忠统治时期（945—974），为覆斗顶殿堂式洞窟，中央佛坛后部有背屏连接窟顶，佛坛上原塑文殊菩萨及其部众，现塑像已全毁，仅残留文殊菩萨坐骑狮子的尾巴。这个洞窟主要供奉的是文殊菩萨，所以又称作“文殊堂”。

五代以来，中原地区战火连年，百姓流离失所。然而，地处河西走廊的瓜沙等州相对来说比较安定。驻守瓜沙的节度使曹氏家族不但继承了唐末归义军节度使张议潮的遗政，宗奉中原王朝正朔，维护了国家统一，而且在经营瓜沙的过程中集聚了比较雄厚的政治和经济力量，建立了画院，为敦煌佛教艺术的发展创造了有利条件。曹氏家族不但修整了莫高窟坍塌的部分栈道，建造了数座窟檐，还开凿了一批规模宏大的洞窟。

这个内容丰富、富丽堂皇的曹氏家族的功德窟，是五代时期规模最大、最具有代表性的洞窟。洞窟壁画主要是大型经变画，多达12幅，特别是以屏风画的形式描绘了释迦牟尼佛从出生到苦修、成佛及涅槃的全部过程，是表现佛一生最生动、最详细的佛传故事画面。西壁巨幅五台山图，保存完整，气势宏大，是莫高窟最大的佛教史迹画。

波澜壮阔的五台山图

西壁配合文殊菩萨主题内容描绘了五台山全图，总面积达到了48平方米，展现了五代时期五台山的佛国圣境。因此，第61窟的这幅五台山图被称作是一幅波澜壮阔的古代航拍图。

文殊菩萨在佛国世界是智慧的象征，五台山相传是文殊菩萨宣道的地方，也是中国佛教四大名山之一，这里风景优美，气候宜人。佛教徒把《华严经》记载的文殊所居住的清凉山与山西的五台山相联系，逐渐把五台山附会成为文殊菩萨的道场。五台山自北魏起深受佛教徒信仰，随着文殊信仰的著名流行，作为文殊道场的五台山也随之成了佛教徒心目中的圣地。唐代又是一个崇尚文化的盛世，所以文殊信仰在唐代达到极盛，很多有名的高僧都去五台山礼佛，不仅中国的佛教徒跋山涉水朝拜不绝，日本、朝鲜等高僧也曾远涉重洋到五台山礼佛。僧侣们都想把五台山的圣境带回家，因此绘制五台山图日渐流行起来。公元824年，吐蕃派遣使者到长安求取五台山

南臺之頂
大清涼之寺
通身光現
道義蘭若

图，于是五台山图传到了西藏。莫高窟中唐时期就已经出现屏风画五台山图。

这幅五台山图长 13.45 米，高 4.6 米，是迄今所知世界上最大的立体地图。图中描绘的是从今天山西省的太原市到河北省的正定县方圆 500 里以内的山川地形和城镇道路。画中山峦起伏，道路交错，商旅信徒络绎不绝，城垣、桥梁、楼台、亭阁、店铺、寺院等各类建筑多达一百九十多座。

在这幅壁画的中心位置，中台之顶上，文殊殿里的大圣文殊菩萨像清晰可见。周围东西南北四座山峰错落分布。放眼望去一幅规模宏大，波澜壮阔，尽显无数山川庙宇，极为罕见的古代地理图便展现在眼前。

敦煌作为丝绸之路上的佛教圣地，东来西往的僧侣在此停留巡礼，也留下了五台山图，于是当地佛教徒怀着崇敬之心绘制了这幅五台山全图。因此，这幅壁画的一笔一画，一山一庙，都饱含着佛教徒对佛国圣境的向往。画中描绘了很多前去供奉文殊菩萨的队伍，他们或是为天子送贡的官员，或是自发进贡的民众，虔诚信奉是其共通之处。

据专家们考证，这幅五台山图是依据唐代五台山的真实地理位置和现实生活所绘制的，并不是虚构的。众多寺庙都是曾经真实存在的，在历代的地理著作和史书里面都可以发现它们的名字，但它们大多数已被历史的尘埃湮没，这些寺庙或是毁于战乱，或是腐朽匿迹，或是无从寻觅，曾经盛极一时的大寺，如今也未能留存下来。无比幸运的是，位于画面偏右部分的这座大佛光寺，如今依然挺立在五台山中。

大佛光寺的发现与我国两位著名学者有关，他们是著名的建筑学家梁思成和林徽因。他们曾为寻找唐代建筑，实地考察了无数座寺庙建筑，却始终没有寻觅到。直到偶然间，他们在法国人伯希和于 1908 年在莫高窟拍摄的画册中发现了五台山图。这一意外的发现，使他们欣喜若狂。1937 年，他们前往五台山。历经千辛万苦终于在一处偏僻的山中找到了大佛光寺。寺庙中的大雄宝殿让他们十分惊喜，这座寺庙的建筑保存非常完整，根据大殿横梁上的题记，证明了该寺庙是唐代的建筑实物。中国古建筑结构以土木为主，留存至今的很少，而大佛光寺因处偏僻之地而躲过了战乱，得以留存，实属难得。梁思成就是根据莫高窟 61 窟的这幅五台山图中所画的大佛光寺，又亲自到五台山作了实地考察，才找到了唐代大佛光寺正殿。

除了各式各样的建筑，图中还绘有很多与五台山有关的高僧事迹，如佛陀波利的故事。故事讲：印度僧人佛陀波利于公元 676 年第一次来五台山，文殊菩萨化作一个老人告诉他说：“你要是真心拜佛，为什么不从印度带来一部《佛顶尊胜陀罗尼经》来这里朝拜呢？这部经对于中国僧人非常有用。”于是佛陀波利把这件事记在了心里。过了几年后，他从印度再次来到长安，带来了《佛顶尊胜陀罗尼经》，上奏皇帝，皇帝看到后非常高兴，并赐给他很多丝绸宝物，并让人将佛经翻译出来。佛陀波利到了景色迷人的五台山，隐居在金刚窟里，潜心修行再也没有出来。图中两处画出了佛陀波利和一个老人在五台山中隐居修行的画面。

壁画中还穿插绘画了驮运、铡草、饮畜、推磨、舂米、迎客等生产和生活场景。如“灵口之店”二人用杠子压面，反映出当时山西地区面食的流行。赶驴上山图，也很富有生活气息，长途跋涉的毛驴，太累了想就地休息，主人却想让它继续赶路，毛驴的犟脾气上来了，一人在前生拉硬拽，另一人在后边挥鞭子驱赶，画面生动有趣。

五台山图中人物众多，既有达官贵人，也有平民百姓，还有一些少数民族形象的送贡者，将宗教神灵和世俗人物绘于一壁，山川景色，古刹林立，香烟缭绕，既有佛教圣地的神圣庄严，又有浓郁的生活气息。

全图的绘制具有高超的绘画技艺和丰富的艺术想象力，运用鸟瞰式的透视法将巍峨磅礴的五台山及其周围的山川景色、人们的生活场景完美融合一体。因此莫高窟的这幅五台山图，不仅是一幅内容丰富的佛教史迹画，一幅气势壮观的山水人物画，还是一幅形象的历史地图、壮观的古代建筑图、包罗万象的社会风俗画。不愧是一部一千多年前的“山西百科全书”。

供养人像

东壁绘有三十六身供养人像，是莫高窟女供养人像中，体态最大、最为富丽堂皇的一组供养人画像。十六国至隋代，供养人像比较小，五代宋初供养人像开始变大，几乎与真人等大，成为身份地位的象征，数量也大增，这个洞窟的窟主把自己的眷属亲戚都画在窟内，体现其家族地位的显赫，具有鲜明的家族特色。门北侧头戴凤冠的女供养人旁的题记为“大朝大宝于阗国天册皇帝第三女公主李氏为新受太傅曹延禄姬供养”。曹延禄是曹元忠的儿子，这几身供养人像是后来重绘的，反应了曹延禄娶于阗国王的三女儿为夫人并于于阗国联姻的史实。

东壁南侧的几身女供养人像中，第一位是窟主曹元忠的回鹘母亲（不是生母），是甘州回鹘可汗的女儿；第二位是嫁给甘州回鹘可汗做夫人的曹元忠的姐姐；第三位也是曹元忠的姐姐，是于阗国皇后。这些供养人像反映出瓜沙曹氏家族东结回鹘，西联于阗，与各民族友好相处的睦邻关系；也可看出曹氏政权利用联姻关系对内连接世家大族，形成盘根错节的家族姻缘，对外与周边邻国交好交往，从而形成归义军时期比较稳固的政治统治。

这些雍容华贵的女供养人像，个个衣着华丽，头戴凤冠或花钗冠，凤冠和项饰上镶嵌着闪闪发光的璎珞珠宝。女供养人面部的装饰最引人注目，面部贴花是当时贵族妇女的一种时尚，也称作梅花妆。据史书记载，南朝宋武帝的女儿寿阳公主，正月初七卧于含章殿下，梅花落到公主额上，拂

第 61 窟女供养人像　五代

之不去，几天后留下了美丽的梅花印记，宫女们看到后都觉得很漂亮，纷纷开始效仿，脸上画梅花装饰，久而久之，被广为流传。

炽盛光佛与十二星座

此窟甬道有一幅后来重绘的壁画——炽盛光佛巡行图，令观众感兴趣的是这幅壁画中还有大家非常熟悉的十二星座。

佛经讲：炽盛光佛身体的毛孔里能放出炽盛光明，发生天变地动时，只要崇拜他，便能安然无恙。供奉炽盛光佛可以消灾避祸，降福人间。西夏时期，人们对炽盛光佛信仰十分流行。同时炽盛光佛和诸星与文殊菩萨的关系密切，文殊菩萨具有统御九执、十二宫、二十八宿的职能，这个洞窟又是文殊菩萨的道场，主体塑像和壁画内容都是围绕中心题材文殊菩萨而展开的，在这个洞窟甬道画炽盛光佛图是有一定联系的。

目前学界关于这幅壁画的绘制时间到底是西夏还是元代，尚无定论。但可以肯定的是，绘炽盛光佛，起到消灾避难的作用是他们共同的追求。

甬道经后代重修，南侧下部壁画由于受潮剥落，

第61窟　炽盛光佛巡行图

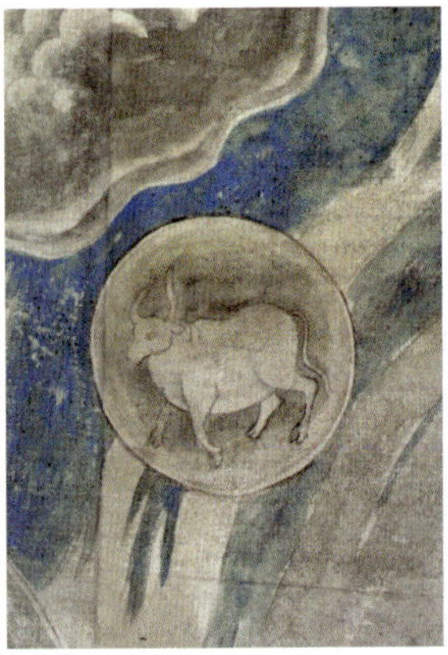

金牛座

处女座

白羊座

摩羯座

天秤座

双子座

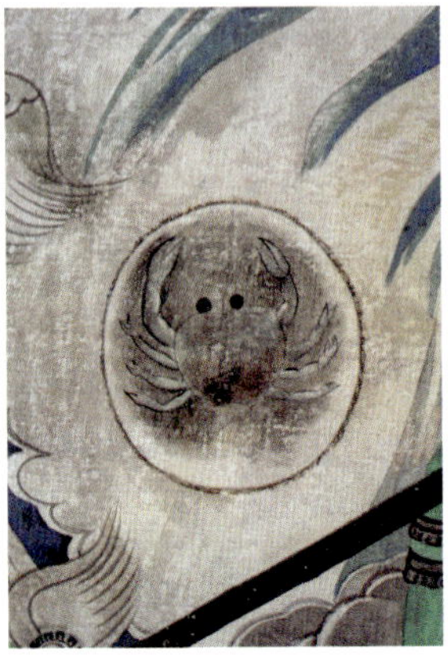

巨蟹座

天蝎座

双鱼座

黄道十二宫（九星座）

上部较完整。画面上方，四人一组，人物形象基本一致，文官打扮，双手持笏。炽盛光佛坐在高轮牛车上，右手食指顶金轮，怀抱琵琶的金星在前面引导，车尾斜插两面龙纹旌旗，七曜星神四周簇拥。这些星官周围又以云气相配合，有一种强烈的动势，浩浩荡荡在彩云中飘行，整个画面气势磅礴，龙旗招展，衣带飘扬，黄道十二宫悬浮于虚空。同时在色调的处理上，以青绿色为主调，再辅以金色，具有华丽辉煌的效果。

双鱼座、双子座、天秤座、巨蟹座、金牛座等大家耳熟能详的各个西方星座图案为什么会出现在敦煌莫高窟呢？原来十二星座起源于古巴比伦，被命名为“黄道十二宫”，后传入希腊和印度。在公元 6 世纪时，十二星座随佛教从印度传入中国。星座自从进入中国后与中国传统文化相融合，并且还和天干地支等传统历法相配。莫高窟十二星座的出现，见证了古代中西方文化交流上的融合发展。

这幅前所未有的精美壁画，构图严谨，气势雄壮，画风新颖精细，人物造型庄重端正，敷彩浓丽厚重，颇有唐代壁画灿烂富丽的遗风。

弥勒的聚会

第55窟

洞窟中央设背屏佛坛，佛坛上塑弥勒三会，表现弥勒三次集会说法之群塑。现存塑像十身，是莫高窟保存最完好的一组宋代彩塑。这组塑像丰腴饱满，形象衣饰仍保持了唐代遗风，规模则超过了唐代。

第55窟开凿于宋代。这个洞窟的面积约为140平方米，高约9米，为覆斗顶中心佛坛窟，平面略呈纵长方形，中心偏后设马蹄形佛坛，后有背屏连接窟顶。

1908年，法国人伯希和来到莫高窟时，剥开了此窟甬道上层的西夏时期壁画，露出了下层的宋代供养人题记。伯希和所著的《敦煌石窟笔记》中对本窟的宋代供养人题名已有记录。南壁一身供养人题名为“窟主敕推诚奉国保塞功臣归义军（下残）”。据史料记载，北宋开宝六年（973）曹元忠被封为“推诚奉国保塞功臣归义军节度使特进检校太师兼中书令西平王”。据此得知，此窟功德主为五代十国时期的沙州第四任曹氏归义军节度使曹元忠。

第 55 窟全景　宋

五代十国时期，中原地区战乱频繁，处于西北边陲的敦煌曹氏归义军政权相对比较稳定。这是因为在曹氏政权时期，一方面与中原王朝保持着密切的联系，宗奉中原的年号、制度和文化；另一方面，努力改善与周边少数民族之间的关系，与他们保持着和亲的联系，加强贸易往来，经济上取得了长足的发展；同时还积极地与敦煌当地的一些世家大族之间保持着联姻的关系。这种政治性的联姻使得敦煌地区政权稳定、经济繁荣。因此，曹氏家族能在五代、北宋这样一个动荡年代统治敦煌一百二十年之久。

曹氏家族笃信佛教，在这一时期曾建立了一个专门从事石窟营建的画院，在莫高窟修建洞窟三十多座，曹氏家族的家窟规模巨大，同时大量绘制各种大型经变图，并且在一千米长的莫高窟崖面上绘制了大型露天壁画。今天观众在莫高窟崖壁上依然可以看到这些壁画，虽已不全，但惊艳千年，遗韵犹存。曹氏在敦煌创造了独特风格的佛教文化艺术。规模宏大是曹氏家族统治时期开窟的一大特点；所用颜料中大量地使用了青绿颜料，因此这一时期绿色色调的洞窟比较普遍；窟顶四角浅龛画四大天王也是曹氏洞窟的一个特点。他们是守护东南西北四个方位的神，四角绘四大天王则象征洞窟由四大天王镇守。第 55 窟就保留了当时曹氏家窟的特点和盛况。

弥勒三会

洞窟中央设背屏佛坛，佛坛上塑弥勒三会，表现弥勒三次集会说法之群塑。现存塑像十身，是莫高窟保存最完好好的一组宋代彩塑。这组塑像丰

莫高窟崖面露天壁画　五代—宋（陈谷雨 摄）

第 55 窟东壁　密严经变　宋

腴饱满，形象衣饰仍保持了唐代遗风，规模则超过了唐代。《佛说弥勒来时经》云：弥勒初会说法，九十六亿人得阿罗汉；二会说法，九十四亿比丘得阿罗汉；三会说法，九十二亿沙门得阿罗汉。莫高窟仅本窟有此题材塑像。现存倚坐弥勒佛像三身，分别塑在佛坛西、南、北三边，成三角鼎足之形，以示弥勒三会。还有菩萨像三身、弟子像一身、天王像一身，分别侍立三弥勒佛侧。另塑力士像二身，肩负弥勒佛座。位于中心佛坛佛座东侧的天王像，身着戎装，作叉腰、手抬、肩扛、头顶佛座的姿态。面部宽厚结实，眼球突起，怒目而视，威猛有力。莫高窟今存宋代彩塑极少，天王像仅此一身，基本完好。佛坛背屏连接窟顶西披。窟顶西披、南壁东侧各画一铺弥勒经变，与佛坛上的弥勒三会群塑珠联璧合，相得益彰。莫高窟仅此一例，十分珍贵。

窟顶西披画弥勒经变，东披绘楞伽经变，南披绘法华经变，北披为华严经变。窟顶四角凹陷，绘四大天王。东北角有东方提头赖吒天王，东南角是南方毗琉璃天王，西南角为西方毗楼博叉天王，西北角画北方毗沙门天王。东壁窟门南侧上部绘金光明经变，下部已毁。窟门北侧上部绘密严经变，下部西夏重绘供养菩萨六身。南壁东起画弥勒经变、观无量寿经变、报恩经变、观音经变，下部是屏风式贤愚经变十二扇。西壁画劳度叉斗圣变，下部绘屏风式贤愚经变十四扇。北壁东起画天请问经变、药师经变、思益梵天所问经变、佛顶尊胜陀罗尼经变，下部为屏风式贤愚经变十一扇。

密严经变

莫高窟只有 4 铺密严经变，而此窟的是最晚的一铺。这铺经变中有多达 30 余幅的小画面。经变正中为佛说法，两侧各画一位大菩萨，另有 17 身小菩萨、2 身弟子、4 位神将。密严经变描写密严净土世界“非是欲色、无色诸天及外道神通所能往诣”之处，应该是没有弟子的，而这铺经变却画了弟子，是此经变的一大特点。最上层画诸佛赴会，有一佛二菩萨的形式，也有三佛赴会的形式，均有祥云衬托，动感强烈，凌空缥缈，天空中天乐不鼓自鸣，体现着净土世界的美妙景象。

报恩经变

《报恩经》也是流行于晚唐以后的经变。本窟报恩经变中之论议品是一个引人入胜的故事，讲的是：古印度波罗奈国仙圣山有一母鹿，因食仙人便溺而产一女。此女人形鹿蹄，行步生朵朵莲华。国王出猎见女，纳娶入宫，称为鹿母夫人。夫人怀孕满月产一巨莲，国王怒责鹿母为畜类之妇，生此怪胎，于是贬之于冷宫，并弃莲于池。一日，国王嬉游于池，巨莲怒放，内生五百子。国王见此异状，始知莲中之子为鹿母所生，因而深悔自责，接回鹿母，诸子长大，身强力壮，武艺超群，一人能力敌一千，“邻国反叛不宾属者，自往伐之，不起四兵，四土安稳”。故事情节跌宕起伏，引人入胜。

曲辕犁

曲辕犁

南壁东起第一幅绘制弥勒经变。内容包括弥勒上生、下生经，弥勒下生经主要描绘了弥勒菩萨下生成佛后，弥勒世界的美好景象。为了表现“一种七获”场面，画师在绘此经变时，绘制了一幅农民耕种的场景。画面中一男子头戴斗笠，身穿长袍，双手扶犁，正在犁地，一黑一黄两头健壮的耕牛正在拉动插入土地的木犁前行，这是二牛抬杠式的耕作方式。画面中的犁即为曲辕犁，又名江东犁，是唐代长江流域的先进农耕工具之一。较之前代，其木辕改直为曲，缩长为短，转弯、调头方便；辕头装可转动犁槃，能双向耕作，提高速度；犁上装犁秤和箭，可调整犁地深浅，利于不同作物深耕浅犁；犁头安犁壁和策，可同时翻地碎土、起亩作垄。此犁操作灵活，轻便省力，便于深耕细作，在中国犁铧发展上有划时代的作用。十八世纪，此犁传入欧洲，对欧洲各国犁铧改良有重大影响。唐代陆龟蒙《耒耜经》对此犁有详载，然无图，不知其形，敦煌壁画则保存了曲辕犁的具体形象。中国历史博物馆（今中国国家博物馆）及中国农业博物馆据《耒耜经》及敦煌壁画中的图像制出模型，使人们具体地理解了当时该犁的科学性和先进性。

第3窟

落日的余晖

这幅精美的千手观音壁画把中国人绘画的线描技法荟萃一壁，笔法娴熟，技艺高超，设色淡雅清新，给观者以美的享受。

第3窟位于莫高窟南区崖面北端，是元代开凿的一个小型覆斗顶殿堂式洞窟。正面开一龛，在龛外北侧下方有一则题记“甘州史小玉笔”。由此有学者推测，这个洞窟的壁画可能是甘州画工史小玉于至正十七年（1357）前后所作。难得的是，这个名叫史小玉的古代画师，在此留下了关于他的题记，这是莫高窟仅有的一则古代画师题名。此窟是莫高窟元代晚期重要的代表性洞窟之一，也是莫高窟现存唯一以千手千眼观音菩萨为主题的洞窟。洞窟虽小，但具有极高的艺术水平。

第 3 窟　北壁千手千眼观音菩萨壁画　元

莫高窟现存被判断为元代的洞窟有 4 个，元朝统治敦煌时期佛教艺术在继承前代的基础上，大胆吸收了许多新的艺术元素，这一时期的敦煌壁画出现了明显的密教化趋势，并出现了典型的汉密和藏密洞窟。形成了莫高窟晚期壁画艺术的时代特征。

此窟除了南北壁全壁绘制千手千眼观音经变外，还在东壁门两侧、西壁龛两侧及龛内屏风画中也绘了多身观音菩萨像，可以称得上是一个观音洞了。千手千眼观音经变是通过南、北壁相结合而画出的。千手千眼观音经变是佛教密宗的重要题材，唐以后莫高窟出现了不少，但像这样全窟结合起来表现这一题材的却仅此一例。此窟中的千手千眼观音菩萨像是莫高窟晚期壁画中的精品之作。

千手千眼观世音

北壁千手千眼观音经变保存完好，巨大的圆轮中央画千手千眼观音菩萨。观音菩萨在中国古代佛教信徒中具有广泛的信众基础，从密教传入后，观音就越来越神奇，成为人们日常生活中有求必应的神灵。

观音菩萨曾为救度众生而发愿具足千手千眼之神通，敦煌藏经洞发现的《千手千眼》中说“千眼遥观，千手接应”，象征观音菩萨的千眼能观众生之苦，千手能济众生之难。千手观音壁画并不一定能画出一千只手，但画家们根据艺术的需要尽力表现千手的效果。这幅千手千眼观音画四十只大手，其中两手在头顶捧举化佛。外围画出一圈圈千手，像一轮圆月，

千手千眼观音局部

又像是美丽的光环，每只手中各绘有一只眼睛，似万道光芒，熠熠生辉。

壁画中观音菩萨为十一面，面有慈悲相，有狞恶相，额头上有一只悲眼，头戴化佛宝冠，正面表现慈悲相，面庞丰满圆润，慈眉善目。身体斜披天衣，腰系长裙，宛如一位仪态大方、神态温和、慈悲善良的贵妇。

整个画面以均匀的铁线描表现人物的面部和肌肤，显得丰满圆润，以色显容，轮廓内再淡施晕染，自然匀称，造型准确，有不施色彩却见肌肤的感觉，细腻的肌肤如有生气。画家对千手千眼的描绘一丝不苟，姿态手势各异，但风格却完全一致，人物衣冠服饰均为淡雅的素色，整窟壁画色调形成刚柔相济，既鲜明又和谐的对比。像这样略施淡彩而又达到形神兼备的壁画，体现了艺术家高超的技艺。

从整体上看，画中的观音菩萨手臂密集而不杂乱，衣纹细腻流畅，构图简洁严整。可以看出，画家用了多种线描技法，铁线描如屈铁盘丝，游丝描如行云流水。画面布局疏密聚散，

吉祥天女

婆薮仙

迂回婉转，描绘观音菩萨衣裙巾带时，时而笔势圆转，显得衣裙轻柔飘逸；时而笔力挺拔顿挫，用兰叶描、折芦描表现出绢、绵、麻等织物不同的质感。以棱角毕露的折芦描绘衣纹，体现布料质地厚重，以细腻的游丝描绘须发，有蓬松飘逸之感；以顿挫分明的钉头鼠尾描表现力士隆起的肌肉。这幅精美的千手观音壁画把中国人物画的线描技法荟萃一壁，设色淡雅清新，笔法娴熟，技艺高超，给观者以美的享受。

吉祥天女

吉祥天女，又称功德天，辩才天，原来是中印度神话中的命运、财富和爱情女神。后来演化为佛教女神，主宰国泰民安，相传她是毗沙门天王的妹妹或王妃。莫高窟壁画中多以菩萨和伎乐天的形象出现。画中天女头戴钗冠，身穿云肩羽袖大带裙襦，一手拿花，一手扬起，形象秀丽，举止端庄，紧锁双眉，若有所思地凝视着前方。

火头金刚

婆薮仙

婆薮仙原为外道仙人，因天祀杀生而坠入地狱，后来被慈悲的菩萨解脱，皈依佛门。莫高窟早期壁画中的婆薮仙多为高髻，赤裸上身，瘦骨嶙峋，是一个丑陋的婆罗门徒形象。这幅画中的婆薮仙，长发高高束起，戴火焰形莲花冠，着绿色交领大袖袍，长眉下垂，须髯飘拂，神采奕奕，恰似武术影片中飘逸洒脱的道教仙人形象。

火头金刚

火头金刚是观音菩萨的护法神，三面八臂，赤裸上身，身穿短裤，腰系虎皮，两手叉在胸前，其他六臂各执法轮、金刚杵、利剑、宝铃索等法器宝物，青筋暴露，怒发冲冠，令人生畏，一脚猛踩向小鬼，小鬼惊慌失措，跪地求饶。画面刻画生动活泼，眉目传神。

飞天

位于南壁、北壁千手千眼观音变两上角的飞天，均头束双童髻，北壁的飞天一手捧着莲蕾，一手持连枝，飞天的形象过于注重写实，身体显得厚重，体态已经没有了腾飞的动感，若不是彩云托住，就会有掉下来的感觉。南壁的一身飞天，跪在云端双手捧莲花供养。这一时期的壁画更加注重写实，飞天的神性大大减弱了，更多表现出人间的生活气息。

这个洞窟的千手千眼观音，是莫高窟元代洞窟中最精美的壁画。其技艺水平标志着元代绘画艺术的高度发展，也成为莫高窟晚期石窟艺术的绝响。

飞天

飞天

曼舞飞天

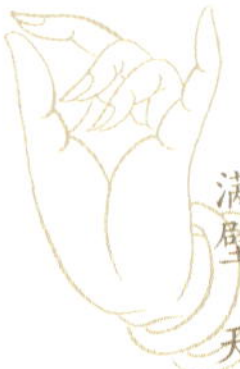

飞天形象鲜活灵动，破壁欲出，营造出了一个鼓乐齐鸣、天音袅袅、香花满壁、天衣飘飘的佛国世界。

飞天是敦煌艺术的标志，是莫高窟的名片，人们无论身在何地只要看到优美的飞天，就会联想到遥远的敦煌莫高窟。莫高窟绘制壁画的 492 个洞窟里，几乎每个洞窟都画有飞天，据不完全统计，总计有飞天 4500 多身，体态各异。大的有 2 米多长，小的仅有几厘米，可以说莫高窟是全世界和中国佛教石窟寺庙中，保存飞天最多的石窟。这些飞天没有翅膀，却凭借着迎风飘扬的彩带及周围飘飞的流云，以优美的姿态，在空中自由、轻盈地飞翔，使整个神秘庄严的石窟，有了一种勃勃生机、满壁风动的效果。

飞天是佛教艺术中的独特形象，通常是指佛教诸天，除了佛和菩萨以外，佛教世界里的天部诸神，他们能自由自在地在天空中飞翔。因此，飞天就是飞行于天空的神。敦煌的飞天起源于印度。在印度，所有的天神都叫作“天”。他们在空中飞翔，散花或奏乐来供养佛和菩萨，传播净土妙音，使庄严的净土遍地芬芳。这奏乐和散发香气的是天龙八部中的乾闼婆和他活泼的妻子紧那罗，传说他们是主管音乐舞蹈之神，印度神话中的娱乐神和歌舞神。两人是恩爱的夫妻，被佛教吸收为天龙八部众神中的两位。最初，乾闼婆和紧那罗的职能是有区别的，娱乐神乾闼婆的任务是在佛国世界里散发香气，为佛献花、供宝，在天空中飞翔。歌舞神紧那罗的任务是在佛国世界里奏乐、歌舞，但不能在天空中飞翔。后来，乾闼婆和紧那罗合为一体，不分男女，不分职能，通称为“香音神”，也叫“飞天”。敦煌壁画中，在天宫奏乐的叫“天宫伎乐”，持乐器歌舞的称“飞天伎乐”。

在佛国世界里，他们的职能是以歌舞散花来供奉佛，同时能发出奇妙的香气。在古代佛教石窟或寺院中，佛、菩萨、天王等形象都是供人们礼拜的对象，因而塑造得庄严肃穆，而在佛身边的这些飞天，则是自由自在、无拘无束地飞行于天空。佛经中记载，当佛说妙法时，飞天从天空撒花散香，鼓乐舞蹈。佛国世界天花乱坠，天乐齐鸣，美妙无比。飞天的出现使气氛庄严的佛教石窟变得轻松活泼。

其实在佛教传入中国之前，中国古代也有许多关于仙人的传说。古人认为有一种长生不老的神仙，他们可以自由在天空中飞翔。在汉代的绘画中就出现了身上长羽毛的仙人。佛教的飞天传入中国后，与中国传统的羽化而升天的神仙思想相融合，不断演变发展成为中国人喜欢的形象。而敦煌飞天，则是印度文化、希腊文化、西域文化、中原文化共同孕育而成的。它是印度佛教天人和中国道教羽人、西域飞天长期交流、融合的结果。因而，敦煌飞天可以说是中国艺术家最智慧的创作，是世界美术史上的一个奇迹。

敦煌壁画中的飞天，与莫高窟的创建同时出现，从十六国北凉开始，历经北魏、西魏、北周、隋、唐、五代、宋、西夏、元等十几个朝代，历时千余年。直到元代末期，随着莫高窟的停建而消失。在这十几个朝代里，由于政权的更迭、经济的兴衰、文化的交流等变迁，飞天的形象、形式风格都在不断地变化。不同时代的飞天各不相同，具有鲜明的时代特征和审美情趣。

莫高窟早期壁画中的飞天深受印度和西域文化的影响，是西域式飞天。北凉时代的飞天形体较短，脸型椭圆，上身半裸，腰缠长裙，身体强壮，有一种沉重之感。由于晕染技法变色的原因，飞天看起来是白鼻梁、白眼珠，与新疆石窟中早期飞天形象相似。飞天多画在佛龛内或说法图中，佛的两侧上部往往相对画出 2 身或 4 身飞天，如第 275 窟本生故事画上方的几身飞天，他们上身半裸，斜披天衣，着长裙，身体转折较大，呈“V”字形的身躯显得笨拙，力量有余，动感不足。

北魏时代的飞天，数量明显增多，主要画在窟顶平棋格、说法图、佛龛内两侧等。飞天形象虽然还保留着西域式飞天的鲜明特征，但其形象已经发生了变化，逐渐向中国化转变。飞天的脸型已由椭圆变的长条而丰满，身体比例逐渐修长，衣裙飘曳，巾带飞舞。第 257 窟北壁说法图左上部的一组飞天保存完整。这组飞天共 8 身，上身半裸，有的迎风飞舞，有的双手合十，似乎正在左顾右盼，窃窃私语，飞天的姿态各不相同，有力自如，飘带和衣裙随风而飞舞，有一种满壁风动的效果。

西魏以后，中原风格影响到了敦煌，在第 249 窟的说法图中就可看到西域风格和中原风格两种飞天形象。南壁说法图中在佛的两侧相对画出 4 身飞天，上面的飞天是具有中原风格的“秀骨清像”型的飞天，人体修长，穿着宽大的长袍，身体清瘦。下部则是西域风格的飞天，飞天身体强壮，上身半裸，下着长裙，身体弯曲成圆弧形，形成一种强烈的张力。这两种风格截然不同的飞天，一强一弱，一粗犷一纤细，和谐地组合在一起。

西魏第 285 窟是中原风格最为突出的洞窟，南壁上层的 12 身飞天，上身裸露，腰系长裙，头束双髻，面庞清秀，嘴角上翘，带着一丝微笑，有的弹奏着箜篌，有的吹着横笛，有的一手支颐，一手前伸，在云气缥缈、四周天花旋转的空中，他们一身接着一身，轻快地飞行。

隋代是莫高窟绘制飞天最多的时代，呈现出崭新的面貌，多以群体飞天的形式出现，飞天主要画在洞窟四壁上部接近窟顶的地方，通常为一道装饰带，其中飞天一身接着一身向中央佛的方向飞行。这些飞天体态轻盈，灵活多姿，飘带简练而流畅，有一种浩浩荡荡快速飞行的动感。如第 206 窟西壁佛龛内两侧各画五身飞天，这是隋代典型的散花飞天，有的持花，有的托花，有的散花，四周彩云飞旋，天花乱坠。第 427 窟在四壁上部画出天宫栏墙之上飞天绕窟一周，共计 108 身，是隋代飞天最多的一个洞窟。

第 249 窟　飞天　西魏

第 285 窟　飞天　西魏

唐代敦煌飞天达到了繁荣鼎盛期，是敦煌飞天艺术的杰作。这与唐王朝前期开明的政治、强大的国力、繁荣的经济、丰富的文化、奋发进取的时代精神是一致的。唐代是莫高窟大型经变画最多的时代。飞天主要画在大型经变画中，一方面表现大型经变画中的佛陀说法场面，飞天散花、歌舞、礼赞作供养。另一方面表现大型经变画中佛国的西方净土、东方净土等世界的美好。飞天环绕在佛陀的头顶，或飞翔在极乐世界的上空，有的脚踏彩云，徐徐降落；有的昂首振臂，腾空而上；有的手捧鲜花，直冲云

第 244 窟　飞天　隋

霄；有的手托花盘，横空飘游。摇曳的衣裙，飞卷的舞带衬托出一个吉祥安乐的佛国世界。如初唐第 321 窟的双飞天，是敦煌飞天壁画中最具美感的精彩画面，飞翔姿态十分优美。尽管飞天的面容、身体已变成绛黑色，但眉目轮廓、身体姿态、衣裙彩带的线条十分清晰，其身材修长，昂首挺胸，双腿上扬，双手散花，衣裙巾带随风舒展，由上而下，徐徐飘落，仿佛两只在空中飞翔的燕子，表现出了潇洒轻盈的飞行之美。

唐代的洞窟形制以殿堂窟为主，藻井的装饰也越来越华美。初唐第

第 401 窟　飞天三兔藻井（临摹）　隋

329 窟的藻井，中心莲花的周围，在深蓝色的底色中，画出 4 身衣裙飘扬、手持鲜花的飞天，她们似乎在蓝天中飞舞，身边浮云流动，井心以外是卷草纹、连珠纹、垂角纹帷幔等。在藻井外缘的帷幔外侧，又画出 12 身飞天，在五彩云的衬托下，他们演奏着琵琶、箜篌、腰鼓等乐器，朝着一个方向连续不断地飞去，华丽无比的图案以及活泼多姿的动态给人以无限遐想。

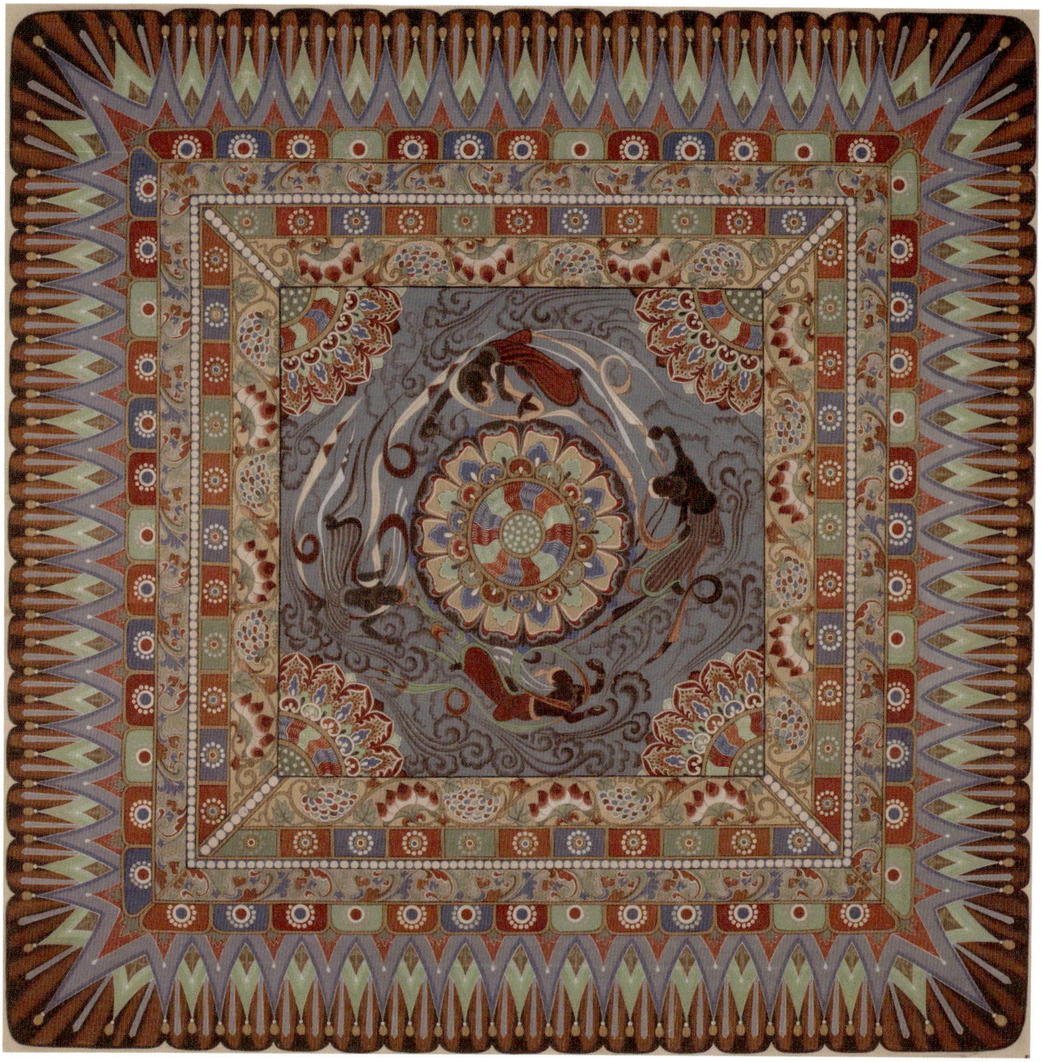

第 329 窟　飞天莲花藻井（临摹）　初唐

这个藻井生动绚丽，变化丰富，是唐代藻井图案中的代表作品。

盛唐时代是敦煌艺术的黄金时代，飞天的描绘也表现出成熟而完美的特点。盛唐第 320 窟南壁阿弥陀经变中的飞天是最受人称道的。他们在佛说法场面的上部，佛头顶华盖的两侧，每侧两身，两组飞天以对称的形式，围绕华盖，互相追逐。前面的飞天穿着长长的锦裙，扬手散花，她的面庞

第 158 窟　飞天　中唐

第 158 窟　飞天　中唐

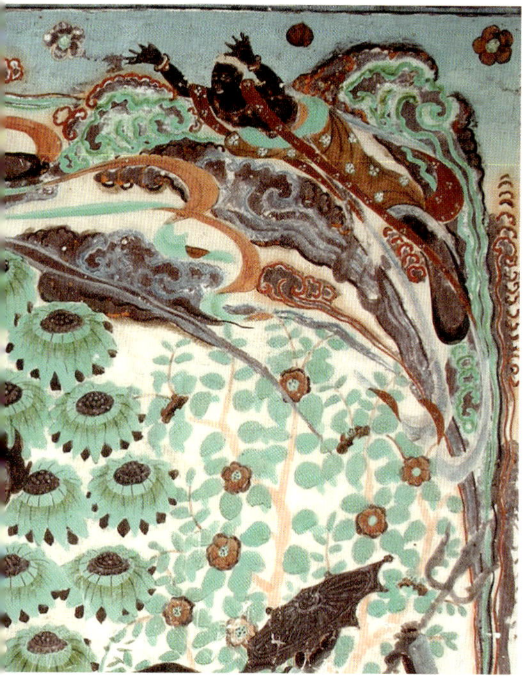

第320窟 飞天 盛唐

微微向后，漫不经心地看着后面的飞天，后面这身飞天挥臂紧追，前呼后应，动作强烈，表现出一种既奋发进取，又轻松自由的精神风貌。飞天的四周彩云飘浮，香花四溢，既表现飞天向佛陀供养，又表现了佛国世界的自由欢乐。飞天的身体虽已变黑，但整体形象清晰，姿态轻盈，色彩艳丽，是唐代飞天的代表作之一。

唐代中晚期的飞天身体趋于丰满，飞天的动态和形象已不及唐前期轻盈自如，飞行速度似乎也变得舒缓了。如中唐第158窟西壁涅槃经变上方的几身飞天，有的捧着花环，有的捧着璎珞，有的扬手散花，有的吹奏羌笛。但飞天神情淡雅平静，流露出淡淡的忧伤，已没有唐前期那样激昂向上的欢乐之感。这可能与158窟佛陀涅槃，整体营造一种天人共悲的宗教境界有关。

敦煌飞天自唐代以后，艺术水平逐渐衰落。宋代的飞天造型千篇一律，虽然继承了唐代余风，但突出的作品比较少见了，如第327窟是宋代晚期的一个洞窟，窟顶四披画飞天一周，是其代表作品。莫高窟西夏时期的飞天，具有独特的风格，是以西夏党项族的人物形象塑造飞天，具有代表性的是第97窟的童子飞天。飞天头梳小辫，面相圆润，体格健壮，腰系兽皮肚围，脚穿短筒皮靴，完全是一个胖乎乎党项族儿童的装扮。虽然他手持莲花，身上彩带飞舞，但体态下沉，飞动感不强。

总之，敦煌壁画中的飞天，反映了中国飞天艺术的完美性与中国式的审美精神。观众一定会被敦煌艺术中这种生动可爱、活泼多姿的飞天所感染。惊叹古代艺术家丰富的想象力和杰出的表现力。敦煌飞天之所以深受广大观众的喜爱，是因为这些飞天形象鲜活灵动、破壁欲出，营造出了一个鼓乐齐鸣、天音袅袅、香花满壁、天衣飘飘的佛国世界。

敦煌飞天经久不衰出现在不同时期的洞窟中，除了飞天自由奔放、奇姿异态、变化无穷的飞动之美，更加体现了人们对自由自在和美好生活的向往。因此，飞天成为不同时代人们强烈渴望自由、奋发进取的梦想。如今，敦煌飞天作为绝美而不朽的艺术品，也成了中国的国家名片，飞向更遥远的五湖四海。

第 217 窟　空中楼阁与飞天　盛唐

墙壁上的博物馆

敦煌的佛教壁画是现实社会的折射。历经十个朝代一千余年创造的敦煌石窟艺术，就是一部表现古代社会生活的丰富画卷，为人们展示了敦煌和河西走廊的形象历史，再现了丰富多彩的古代社会生活场景，是一部内涵博大的文化史，是千年绘画艺术的发展史。

敦煌莫高窟是世界上现存规模最大、绵延时间最长、内容最丰富、保存最完整的佛教艺术宝库。现存北凉、北魏、西魏、北周、隋、唐、五代、宋、西夏、元有壁画、塑像的洞窟492个，保存了公元4世纪至14世纪一千多年的壁画45000平方米。今天大家看到精美的敦煌壁画虽然是以佛教经典为依据绘制的，反映的是佛教教义和思想，描绘的是佛国世界的景象，讲述的是富有哲理的佛经故事，但佛教壁画与现实社会又有着密切关系。古代的画家在创作这些壁画时以现实生活为素材，所以佛国世界就是当时现实社会的折射。历经十个朝代一千余年创造的敦煌石窟艺术，就是一部表现古代社会生活的丰富画卷，为人们展示了敦煌和河西走廊的形象历史，再现了丰富多彩的古代社会生活场景，是一部内涵博大的文化史，是千年壁画艺术的发展史。同时也见证了古丝绸之路上多元文明、多民族文化互学互鉴和交流荟萃，为人类保存了古代中国、中亚、南亚、西亚、东亚等地区的历史、地理、政治、经济、宗教、民族、民俗、艺术、科技等多门类学科研究的珍贵资料。莫高窟具有特殊的全球性价值，是中华民族优秀传统文化遗产，也是人类文化的绝世之瑰宝。敦煌石窟被誉为“中世纪的百科全书”“墙壁上的博物馆”，在此我们梳理了敦煌壁画中反映古代建筑、服饰、交通、生产劳动、民俗、音乐舞蹈、体育等方面的有关资料，从几个方面展示敦煌壁画在历史、艺术、科技等方面的价值，让读者通过博大精深的艺术宝库走近历史，来认识了解古丝绸之路和中古时期人们生产生活的方方面面。

建筑

建筑是人类为自己创造的生存和居住环境，体现了人类的物质文明，也反映了人类的精神文明。东方古老的建筑几乎都是木结构建筑，由于自然与人为的多种因素，留存下来的古建筑实物数量非常有限。

敦煌石窟艺术中有十分丰富的建筑史资料，从十六国至元代壁画中保存了大量不同类型的建筑画，有佛寺、城垣、宫殿、阙、草庵、穹庐、客栈、酒店、屠房、烽火台、桥梁、监狱、坟墓等，几乎包括了各时代的大部分建筑类型。这些建筑画有呈院落布局的组群建筑，有单体建筑。壁画中

第172窟　观无量寿经变中的建筑　盛唐

还留下了丰富的建筑部件和装饰等与建筑有关的画面，如斗拱、柱坊、门窗以及建筑施工图等。在我国古代建筑实物资料缺乏的情况下，敦煌壁画中的建筑图像填补了从南北朝至盛唐时期建筑资料的空白，为了解研究古代建筑发展历程提供了形象而珍贵的资料。这些丰富的建筑图像资料，记录了中国古代建筑发展历史，同时也反映了中华民族精神文明发展的轨迹，展示了中国古代建筑悠久的历史和辉煌的成就，为我们呈现了一部形象的建筑历史画卷。此外莫高窟现存不同形制的700余座洞窟建筑，五座唐宋时期的木构窟檐，以及石窟周边的佛塔、庙宇等建筑遗迹，都是古代留存至今的宝贵建筑实物资料。

服饰

服饰蕴含着丰富的民族文化和历史信息，是人类文明进步的重要标志之一。中国素有“衣冠王国”之美誉，服饰文化的历史源远流长，中华民族的服饰文化以其丰富多彩的特征为世人瞩目。敦煌石窟保存了丰富而珍贵的中古时代服饰的形象资料，时间从北凉至元代跨越千余年。敦煌壁画的服饰图像主要有佛国人物的服饰，佛经故事画、经变画、佛教史迹画中的世俗人物服饰及供养人服饰等各式各样的历代服饰图像，全面系统地反映了中国古代服饰发展演变的脉络，为我们展示了一幅丰富多彩的中国古代服饰发展的历史画卷，在古代服饰文化方面具有独特的艺术价值和研究价值。

第 17 窟　着男装的近侍女　晚唐

第 98 窟　节度使家族贵妇服饰　五代（临摹）

第 346 窟　弓箭手服饰　五代

第 231 窟　虎头双尾舟　中唐

交通工具

敦煌是丝绸之路上的重镇，也是古代中西经济文化交流的交通枢纽。在敦煌壁画中不仅有反映各国商旅往来的活动场景，也保存了丰富多样的交通工具图像，是我们了解和研究古代交通运输发展史珍贵的形象资料。敦煌壁画中出现的古代交通运输工具有牛、马、驼、骡、驴、象、舟、车、舆、辇等。在众多的交通工具中主要以车和舆为主，车有马车、骆驼车、

第 85 窟　牛车、鹿车、羊车　晚唐

牛车、驴车、人力独轮车、儿童车等，舆轿则主要有肩舆、象舆、椅轿、婚轿、柩辇等。古代社会的交通工具也是一种等级制度的体现，在莫高窟有些洞窟的供养人画行列中，绘有华丽的牛车和马车以表现供养人尊贵的地位。在隋唐时期的洞窟中开始出现舟船的画面，说明舟船逐渐成为这个时代较为普遍的交通工具。

音乐舞蹈

音乐是文化的一种重要表现层面，它的发展呈现了人类文明的足迹。作为礼乐之邦的中华民族，中国古代音乐发展历史悠久，传承不衰。早在远古时代我们的先民就已经“予击石拊石，百兽率舞”，开始了音乐舞蹈活动。在音乐舞蹈产生的同时，各类音乐舞蹈绘画也应运而生。舞蹈艺术是无法保留的非物质时空艺术，古代的舞蹈形象，现代人已经知之甚少。敦煌壁画中现存有关舞蹈的图像，堪称是古代舞蹈艺术的博物馆。十个朝代的洞窟保存了大量高超的舞蹈技巧和完美的舞蹈艺术形象，代表不同时代舞蹈艺术发展的面貌及其发展历程。敦煌石窟中有音乐舞蹈题材的洞窟200多个，壁画中绘有许多乐队、乐伎及各种乐器。据统计有不同类型的乐队500多组，吹、打、拉、弹各类乐器40余种，6000余件。莫高窟壁画延续千年，这些内容丰富的音乐舞蹈图像，展示了中国古代音乐舞蹈发展的历程，为我们了解和研究音乐舞蹈史和古代中西音乐舞蹈文化交流史提供了极为珍贵的形象资料。

社会生产、生活、民俗、体育

敦煌壁画以佛教经典、佛教故事为主题，除了宗教内容外，还有大量反映古代人们生产、生活的画面。有农民耕种、收割、打场、扬场等画面。壁画中还逼真地描绘了各种农业生产工具，还有直辕犁、曲辕犁、三脚耧犁、铁铧、耱、耙、锄、铁锨、扁担、秤、斛、斗、升等工具，特别是莫

第 251 窟　天宫伎乐　北魏

第 85 窟　树下弹琴　晚唐

第 61 窟　酒肆　五代

高窟盛唐第 445 窟的弥勒经变中，绘了能调节耕作深度的曲辕犁形象，这是当时最先进耕地工具的唯一珍贵图像资料。

有手工业者建筑、绘画、制陶、锻造、酿酒等画面；有市井百业中商人、屠户肉坊、酒肆、百戏等画面；有反映婚嫁、丧葬等习俗的画面；有反映古代体育活动的画面，如骑射、射靶、马技、相扑、角力举重、下棋、

第 249 窟　狩猎图　西魏

投壶、武术、游泳、马球等。这些内容丰富、形象生动的图像，为我们展现了中古时期人们日常生活、风俗习惯、社会风尚等生产生活的历史画卷，也为我们提供了了解和研究中古时期人们社会生活的珍贵资料。

第 445 窟　剃度图（临摹）　盛唐

第 23 窟　耕作图　盛唐

第 156 窟　张议潮统军出行之乐舞图　晚唐

第 85 窟　马厩　晚唐

第 148 窟　独辀四驾马车　盛唐

莫高窟北区考古探秘

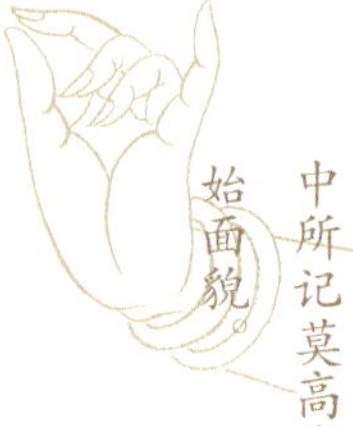

北区崖面现存洞窟总数为248个，其中243个为新编号的洞窟。连同南区的487个洞窟，使莫高窟现存洞窟总数增至735个，从而恢复了唐代碑刻中所记莫高窟『窟室一千余龛』的原始面貌。

被遗忘的角落

莫高窟位于敦煌市东南的鸣沙山东麓的断崖上，从公元4世纪至14世纪的一千年间，佛教信徒们就在这全长约1700米的崖壁上，持续不断地开凿了许多石窟。依照洞窟在崖面上的位置分布，学者将莫高窟分为南区和北区。南区崖面长约1000米，分布着敦煌研究院洞窟编号492个洞窟中的487个，南区的洞窟主要为礼佛窟，洞窟里至今保存着绚丽多彩的壁画和精美的塑像，成为长久以来国内外游客参观的开放区域。北区崖面长700余米，开凿洞窟数量也达到数百个，之前只有5个有壁画的洞窟编了号，其余洞窟因没有壁画或塑像，所以没有编号也没有记录。北区洞窟基本上没有门，放眼望去断崖上布满了一个个蜂窝状的窟窿，成了一个被人遗忘的角落。许多游客看到这些洞窟也好奇，经常会问这些洞是干什么用的，里面都有什么。

由于北区以往从未有人进行过科学的考古发掘工作，北区洞窟的性质与功能一直没有定论。关于这些洞窟的用途，20世纪80年代以前流传着几种说法，是古代僧人和工匠居住的洞窟，或是供画工和塑匠住的画工窟、塑匠窟，等等。北区洞窟的数量到底有多少？北区洞窟形制有什么特征？相比莫高窟南区，北区洞窟处于什么地位？北区洞窟分属于什么时代？这些都是有待揭开的谜团。

莫高窟北区（吕爱 摄）

窟室一千余龛

谈到莫高窟北区的考古发掘，就要提到主持北区考古发掘工作的彭金章先生。在樊锦诗先生守望敦煌四十余年的背后，她的丈夫——武汉大学考古专业创建人彭金章教授，也为支持樊锦诗的工作做出了巨大的牺牲。用彭金章先生自己的话来说，人们都说樊锦诗是“敦煌的女儿”，那我就顺便做“敦煌的女婿”。从北大同窗到伴侣，彭金章与樊锦诗相伴一生。彭金章先生于 1963 年至 1986 年在武汉大学历史系任教，1986 年调敦煌研究院工作，结束了夫妻长达二十二年的两地分居生活。面对巨大的事业牺牲，彭金章没有对妻子说过一句勉强的话、抱怨的话、委屈的话，到敦煌后把主要精力和时间都投入到了莫高窟北区考古工作中。

从 1988 年开始，彭先生带领敦煌研究院工作人员，对北区洞窟进行了系统的考古清理工作。清理积沙、编号、考古发掘、整理研究、撰写报告……北区的考古工作艰难而枯燥。由于北区的洞窟没有门，里面的沙土都是成百上千年积累下来的，大量的流沙把洞窟的门堵塞了，即使有文物遗迹也难以寻觅。在那些发掘清理的日子里，彭金章先生和他的团队几乎筛遍了北区洞窟里的每一粒沙土。直到 1995 年北区石窟清理工作结束。七年里，他们对北区洞窟进行了 6 次考古发掘，发掘出了大批珍贵文物，最终确定了北区崖面现存洞窟总数为 248 个，其中 243 个为新编号的洞窟，连同南区的 487 个洞窟， 使莫高窟现存洞窟总数增至 735 个，从而恢复了唐代碑刻中所记载的莫高窟“窟室一千余龛”的原始面貌。

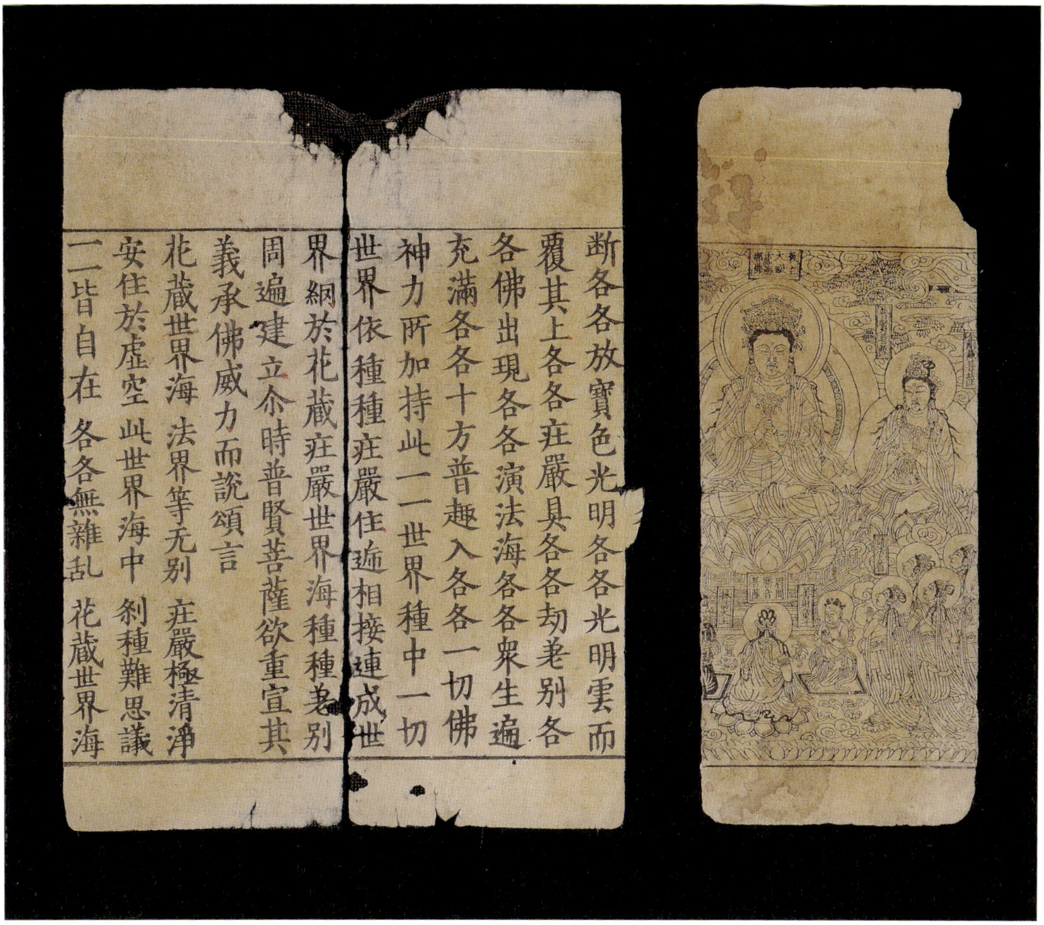
断各各放寶色光明各各光明雲而
覆其上各各荘嚴具各各劫差別各
各佛出現各各演法海各各衆生遍
充滿各各十方普趣入各各一切佛
神力所加持此一一世界種中一切
世界依種種荘嚴住遞相接連成世
界網於花藏荘嚴世界海種種差別
周遍建立尒時普賢菩薩欲重宣其
義承佛威力而說頌言
花藏世界海 法界等无别 荘嚴極清淨
安住於虛空 此世界海中 刹種難思議
一一皆自在 各各無雜乱 花藏世界海

《大方广佛华严经》 西夏

莫高窟北区经过系统考古清理发掘之后，没有多少材料能证明北区洞窟仅是画工窟。经过对已经发现的大量遗迹和文物的考察和研究，彭先生和他的团队把北区崖面上的洞窟按功能和性质，分为六类：第一类是禅窟，就是供僧众禅修用的洞窟；第二类是僧房窟，就是古代供僧人日常起居生活用的洞窟；第三类是僧房窟附设禅窟，也就是同一个洞窟具备生活和禅修两种功能；第四类是瘗窟，是用来瘗埋死去的僧人遗体和遗骨的洞窟；

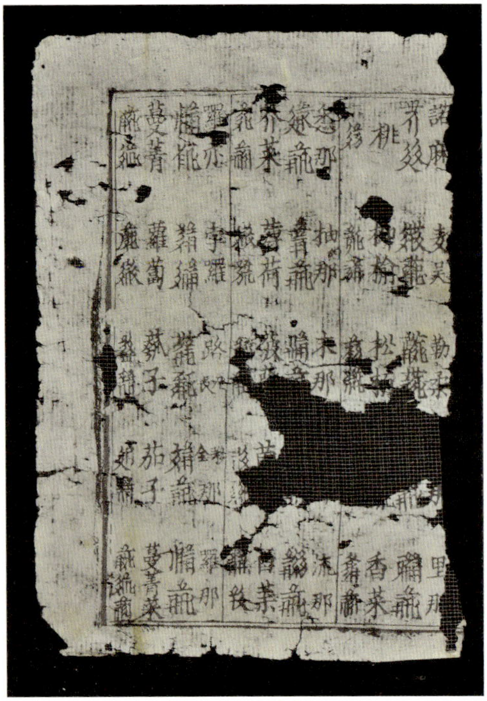

《番汉合时掌中珠》 西夏

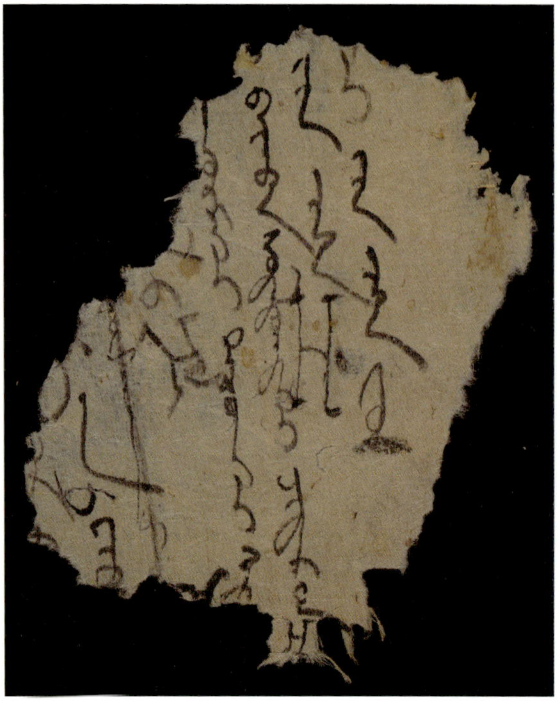

蒙文卖身契 元

第五类是礼佛窟，是僧众、俗人向佛顶礼膜拜，举行佛事活动的洞窟，窟内有壁画或塑像；还有一类是廪窟，是用于储藏粮食等物品的洞窟。在这六类洞窟中，僧房窟在敦煌地区是首次发现。他们最后统计出僧房窟在北区现存 50 个，洞窟大多比较宽敞，窟顶较高，甬道也比较高，这是为了便于僧人在洞内活动。僧房窟主要用于僧人生活起居，所以窟内有土炕、土炉灶，还有通向窟外的烟道，放置灯盏的小壁龛，有些灯龛至今还残存了厚厚的油垢。这次考古清理最重要的是发掘了 25 个瘗窟，不仅填补了这类洞窟在敦煌地区的空白，而且数量如此之多，为其他石窟群所罕见。长久以来令人迷惑的莫高窟北区洞窟，一时间吸引了世界的目光，揭开了北区神秘的面纱，北区石窟的考古新发现再次震惊了世界。

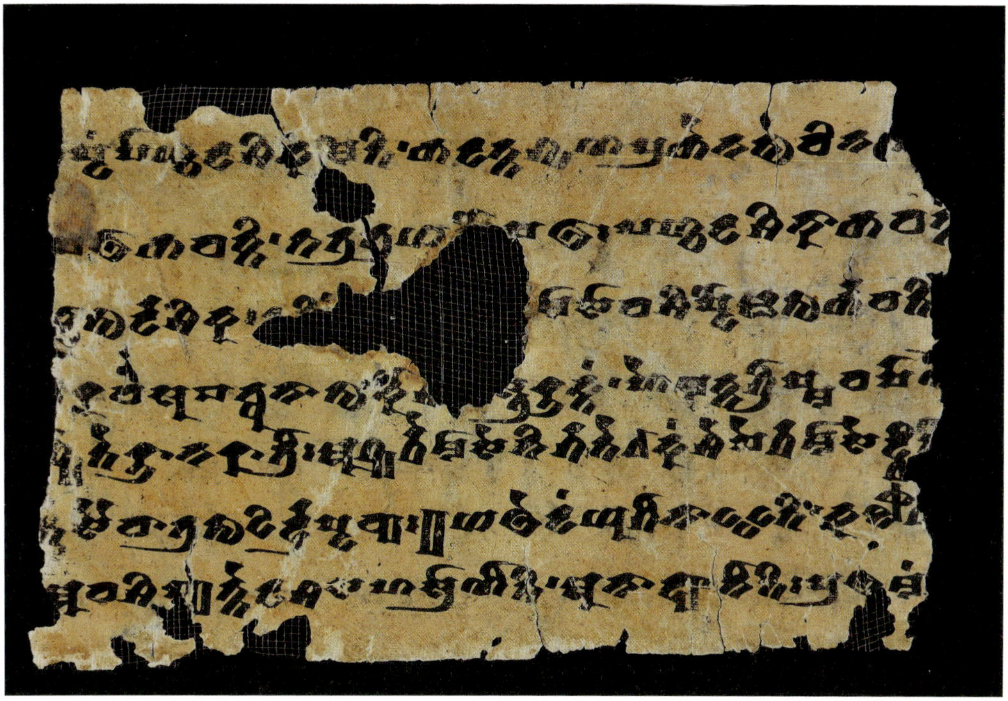

婆罗迷文书　元

再发现

在北区的考古发掘中，清理出一批珍贵文物。在众多的出土遗物中，首屈一指的要数回鹘文、藏文、梵文、婆罗迷文、回鹘蒙文、八思巴文、叙利亚文、西夏文等多种民族文字的珍贵文献，它们的发现尽管与 20 世纪初藏经洞的发现不能相媲美，但其珍贵的价值也震惊了国内外学术界。出土的汉文《排字韵五》文书失传已久，西夏文《碎金》《地藏菩萨本愿经》《番汉合时掌中珠》残页都是国内现存的孤本，另外发现的回鹘蒙文、八思巴文、叙利亚文文书还是在敦煌地区首次亮相。

除文献资料外，在北区出土文物中，首次在敦煌发现了波斯银币。从银币的特征来看，应属于波斯萨珊朝卑路斯王时期所铸造。这一发现不仅填补了敦煌地区波斯银币的空白，同时也反映出敦煌在丝绸之路上中西交

铜十字架　元

波斯银币　5世纪

占卜用的骰子　元

回鹘文木活字　元

通以及商贸往来中的重要地位。伯希和当年盗走藏经洞无数文献精品的时候，也到过莫高窟北区。他曾在今莫高窟北区第 464 窟盗取回鹘文木活字 968 枚，其中 960 枚现藏于法国巴黎吉美博物馆，另有 4 枚在日本东京东洋文库，4 枚现藏于美国纽约大都会艺术博物馆。后来俄国人奥登堡又在北区洞窟盗掘回鹘文木活字 130 枚，现藏俄罗斯圣彼得堡艾尔米塔什博物馆。1989 年，彭金章他们在发掘北区洞窟的时候，又发现了回鹘文木活字 48 枚，说明北区有一个洞窟曾经印刷过经文。使得敦煌研究院这一国

古藏文佛经（12-13世纪）

内唯一收藏有回鹘文木活字的机构收藏的回鹘文木活字总数达到54枚。此外，还出土了铜器、木器、铁器、陶器和棉麻毛丝织品等。

莫高窟北区的考古发掘，揭开了北区的神秘面纱，向全世界展示一个更加精彩完整的莫高窟。许多鲜为人知的文物向世人首次展现出来，这些考古发现对全面了解莫高窟的营建史，探索敦煌在中国、印度、罗马、波斯、中亚等文化体系交流中所起到的作用和影响具有重要的意义。

心灯

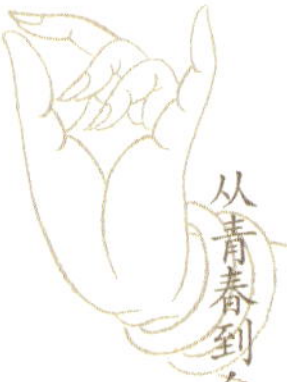

「舍半生，给茫茫大漠。从未名湖到莫高窟，守住前辈的火，开辟明天的路。半个世纪的风沙，不是谁都经得起吹打。一腔爱，一洞画，一场文化苦旅，从青春到白发。心归处，是敦煌。」

敦煌莫高窟，每个中国人都不会陌生，不论你身在何处，不论是否身临其境，这里永远是中国人的骄傲。有这样一群“守望者”怀揣梦想，远离都市，来到了大漠戈壁，艰苦奋斗。他们是以常书鸿、段文杰、樊锦诗等为代表的一代代莫高窟人，他们不灭的心灯今天依然照耀着我们不断前进。

流沙掩埋、崖体坍塌、塑像倾倒、壁画脱落……20 世纪初的莫高窟一派萧条。藏经洞文献惨遭劫掠后，莫高窟的厄运还在继续，1921 年从苏俄流亡到敦煌的白俄军队，被当地政府扣押在莫高窟。这批野蛮的白俄匪军就住在莫高窟的洞窟内，在洞窟里架锅烧火做饭，不少洞窟壁画被烟

20世纪50年代被积沙掩埋的通道

熏严重破坏。1924年，美国人华尔纳又在洞窟内盗走十余方壁画和一尊唐代彩塑。住在莫高窟前几座寺庙里的僧人、喇嘛和道士们，仅仅是看管洞窟和负责收取当地信徒供奉的香火钱而已，古老的艺术殿堂走到了命运的十字路口。

1937年，日寇压境、山河破碎，沦陷区的大学和文化研究机构也纷纷迁往西部，随着民国政府重心的西移，以兰州为中心的大西北就成了抗战的后方。正是在这样的大背景下，从20世纪30年代末，民国政府有关部门或学术机构组成各种考察团开赴西北。这一时期，一大批文人和艺术家走出书斋，远赴西北考察研究敦煌石窟、临摹壁画。于是有了画家李丁陇、张大千、“西北艺术文物考察团”和“西北史地考察团”的敦煌之行。

李丁陇是最早到敦煌莫高窟临摹壁画，并四处奔走呼吁保护敦煌的艺术家。他于1938年冬天从西安出发，沿着河西走廊徒步前往敦煌。在极其艰苦的条件下，李丁陇在莫高窟整整住了八个月，临摹了一百多幅壁画，并完成了巨幅《极乐世界图》的临摹。1939 年李丁陇回到西安，于同年 12 月在西安青年联合会举办了敦煌壁画展。展览在西安引起了很大轰动。国画大师张大千正是通过李丁陇了解到西北偏远的敦煌莫高窟有精美绝伦的壁画和塑像，是令艺术家无比向往的地方，后来他决定去敦煌临摹壁画。

1941 年，张大千携夫人、儿子、学生千里迢迢来到大漠深处的敦煌莫高窟，寻找唐代之前的绘画真迹。他忍受着沙漠戈壁的干燥和缺水、孤独与寂寞，住在莫高窟前的寺庙里，期间临摹了大量敦煌壁画。原计划只待三个月的他却花了近三年时间。1943 年张大千离开敦煌后，先后在兰州、成都、重庆等地举办了敦煌壁画展览，引起了民国政府及社会各界对敦煌莫高窟的广泛关注。

1941 年 10 月，国民政府监察院院长于右任在陕甘宁青新五省监察使高一涵的陪同下，来到敦煌莫高窟视察后，提议将莫高窟收归国有，设立敦煌艺术学院以保护研究莫高窟文物。

在于右任的倡议下，国民政府教育部组织了以艺术家王子云为团长的“西北艺术文物考察团”，于 1942 年赴敦煌考察。考察团历时半年多，拍摄记录了莫高窟大量珍贵资料，撰写了中国最早的关于敦煌石窟的调查报

李丁陇

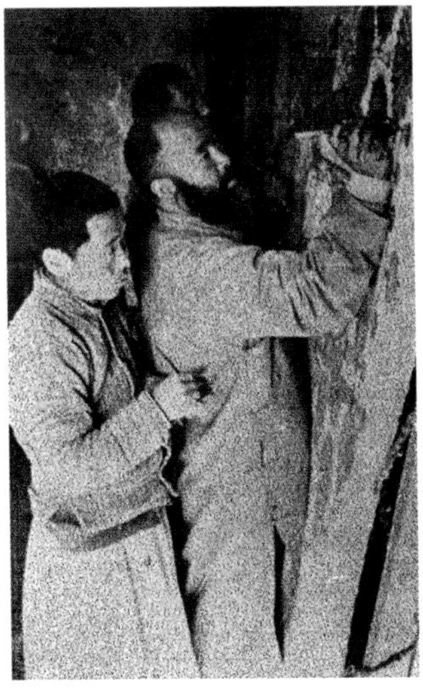

张大千临摹壁画

常书鸿

告和考古论文。为敦煌石窟的保护和研究，提供了重要的历史资料，对于中国美术史研究具有重要意义。

1942年春，重庆中央研究院组织了以向达、劳干、石璋如等学者为成员的“西北史地考察团”，对莫高窟及敦煌境内的古迹和散落文物等进行了详细的调查。

1943年，画家吴作人、关山月、赵望云等先后来到莫高窟临摹壁画。敦煌壁画的独特风格和大西北雄浑瑰丽的风光，为艺术家们的创作注入了新的活力。

常书鸿出生在风景秀丽的西子湖畔，1927年到法国里昂中法大学留学。有一次，他在巴黎塞纳河畔的旧书摊上看到了一本画册，那是伯希和1908年在敦煌拍摄的敦煌壁画图集——《敦煌图录》。书中的精美壁画和塑像让他惊叹不已，在中国西部一个偏僻的地方，竟有那样色彩绚丽、宏伟灿烂的艺术。这些千年前的作品与西方当时各流派的艺术相比毫不逊色。从敦煌艺术中，他看到了中国艺术的光芒，那是失传了千百年的奇异光芒。这一次偶然的发现，他的命运被就此改变了。1936年，常书鸿不顾所有人的劝阻，毅然告别了巴黎舒适的生活，踏上了回国之路。然而，当时的中国正是国难当头，战火纷飞。常书鸿一回国就开始了颠沛流离的生活，而他始终没有放弃去敦煌的坚定信念。1943 年，常书鸿冒着抗战的炮火，穿过破碎的山河，艰难跋涉数月终于到达了敦煌。当他走进莫高窟才发现自己日思夜想的艺术殿堂已是狼藉一片，许多洞窟都已被流沙掩埋，窟门被堵塞，人根本进不去，大量的塑像被毁坏，面对莫高窟破烂不堪的景象，常书鸿无比痛心，他决定留在这里陪伴这个人类艺术的殿堂。

1944 年，国立敦煌艺术研究所正式成立，莫高窟也结束了四百年无人管理的历史。敦煌艺术研究所成立之初，生活极其艰难。住的房子是清代留下的几所破庙，连起码的办公条件也没有，睡土炕、点煤灯、喝咸水。冬天，屋里冷得滴水成冰，一场大风过去满屋子是一层厚厚的黄沙。冬天喝水，常书鸿一家人都得拎着筐去河里打冰，这里的生活与他们多年在巴黎的优越生活相比简直是天壤之别。1945 年，常书鸿的妻子终于忍受不了这里的荒凉寂寞，留下年幼的孩子离开了敦煌。常书鸿得知后，慌忙骑马去追，可是已杳无人影，伤心绝望的他在茫茫戈壁上坠马昏厥，后来被人发现才算保住了性命。常书鸿默默地承受着失去妻子的痛苦，把所有的精力都投入到他所热爱的敦煌艺术中。他暗暗发誓不管有多少艰难险阻，都要守住敦煌这块文化瑰宝。常书鸿率领工作人员在石窟外修起了土墙，清理了数百年堆积在洞窟里的积沙，给大部分石窟装上了门。他们在极其艰苦的环境中开始了大规模临摹壁画，给洞窟编号、测绘、照相的工作。

1948 年，常书鸿在南京和上海筹办了敦煌艺术大展，展出了研究所多年来临摹的敦煌壁画 600 多幅，向世人展出了研究所成立以来的成果。

常书鸿带领敦煌文物研究所职工做操

敦煌文物研究职工在大泉河砸冰取水

1952 年敦煌文物研究所用大木轮车清除窟区积沙

这次展览在当时产生了极大影响，使国人通过这些栩栩如生的展品了解和认识了敦煌艺术。常书鸿作为一名画家，从来没有停止过他的画笔，他热爱莫高窟的一山一水、一草一木，无论是洞窟前的崖面，大泉河的冰雪、三危山的朝夕，还是九层楼的春秋，都被他的画笔记录了下来。今天我们在敦煌研究院院史陈列馆依然能看到他写实油画作品的复制品，这些莫高窟的风景画，真实记录着他和家人、同事们在莫高窟的那一段艰苦而光辉的岁月。

常书鸿从法国巴黎远涉重洋到偏僻的敦煌莫高窟，开启了他长达半个世纪的艺术和人生苦旅，他组织和带领研究所的工作人员在极其困难的条件下艰苦创业，他把自己的一生都无私奉献给了敦煌，他被誉为敦煌的“守护神”。

1946 年的一天，常书鸿比往日显得兴奋，他又招募了一群愿意到敦煌工作的年轻学子，这些穿着西装旗袍、受过高等教育的年轻人在兰州登上常书鸿找来的破旧大卡车，沿着当年张骞、玄奘走过的路，一路颠簸、风尘仆仆地来到了敦煌。段文杰就是这群年轻人中的一员。段文杰 1917 年出生于四川绵阳，1940 年考入了国立艺术专科学校国画系学习中国画。在学校期间他先后观看了张大千、王子云等人在重庆举办的敦煌壁画临摹展，绚丽多姿的敦煌壁画深深震撼着他，他萌生了想到敦煌学习民族传统艺术的强烈愿望。段文杰几经周折，一到敦煌就奔向洞窟，第一眼看到壁画时他惊叹万分，一千多年前的画工们究竟是怎样一笔笔地在这样黑暗的

段文杰临摹壁画

洞窟里创造出如此绚烂的壁画。作为一个学国画的学生，段文杰是抱着到敦煌看一看的想法，谁能想到这一看，他把一生都献给了敦煌艺术。从那以后，段文杰眼里只有敦煌。他和一群来到敦煌的年轻人一起拎着一个暖水瓶钻进洞窟，开始在阴冷黑暗的洞窟里不知疲倦地临摹壁画。

1951 年，段文杰和他的同事们开始了对第 285 窟整个壁画的临摹。1953 年，第 285 窟整窟原大原色作品在北京、上海、东京等地展出，引发了一股持久的敦煌热潮。段文杰在壁画临摹工作中不断思考和探索古代壁画的艺术成就，力求最大限度地表现古代壁画的精神风貌。1957 年，正当段文杰和他的同事们废寝忘食地投入到壁画临摹工作中时，接踵而至的社会变故迫使他放下了手中的画笔，他受到批判，被下放到敦煌农村劳动改造，直到 1972 年他才拖着被摧垮的身体重新回到莫高窟工作。

改革开放后，敦煌文物研究所也迎来了发展的新机遇，1984 年，段文杰成为继常书鸿之后守护莫高窟的第二任掌门人，他非常重视人才的培养，致力于敦煌学研究，他倡导创办了敦煌学研究的学术期刊《敦煌研究》，并先后主持举办了多次大型的敦煌学国际学术会议。与此同时，他还重视院内外的人才交流活动，率领院里的研究人员到日本、法国、印度、美国等地参加学术会议。拓展石窟保护的国际合作项目，将石窟保护和敦煌学研究推向了一个新的起点。陈寅恪先生曾经说："敦煌者，吾国学术之伤心史也。"经过几代人的不懈努力，到20世纪80年代，中国人终于可以昂首挺胸地说：敦煌在中国，敦煌学在世界！

段文杰先生在壁画临摹中，具有扎实过硬的绘画功底和丰富的学识。他不断学习总结经验，提出临摹一要客观忠实地再现原作面貌；二要传神，即在精细的基础上突出原作总体神韵；三是绘画技巧不能低于原作水平。这些主张，至今仍然是敦煌壁画临摹的指导原则。他的临摹作品莫高窟第130窟《都督夫人礼佛图》、第158窟的《各族王子举哀图》、榆林窟第25窟《观无量寿经变》等气势磅礴，色彩绚丽典雅，是复原临摹作品中的精品。

樊锦诗出生在北平，成长在上海，当年她报考的是北京大学历史系考古专业，大学期间到莫高窟实习。与莫高窟的初次相遇，她就被莫高窟精美的壁画和塑像深深吸引，从此与敦煌结下了不解之缘。1953年，她响应国家号召来到偏远的莫高窟工作。莫高窟的艺术让她流连忘返，沉浸在古代艺术的海洋。然而，和令人震撼的艺术形成鲜明对比的则是恶劣的生活环境。没有电灯、没有自来水，苦咸水、煤油灯、土屋土炕、漫天风

樊锦诗工作照

沙。房间的灰土怎么也扫不完，宿舍顶棚上的老鼠窜来窜去。一直与远在武汉大学工作的丈夫分居两地，孩子出生时，身边没有一个亲人，孩子没有一件衣裳……这些让她几度萌生离开敦煌的念头，但终究没能敌过对敦煌的热爱。于是在这样艰苦的环境下，她依然坚守在敦煌，从青春少女到满头华发，她为莫高窟的永续利用、永久保存倾尽了全力，后来她有了一个亲切的名字——“敦煌的女儿”。

1998年，樊锦诗成为继常书鸿、段文杰之后的第三任院长，接过这沉甸甸的接力棒，年逾花甲的她一刻也不敢懈怠，她深感保护敦煌文物的责任重大，莫高窟是人类的无价之宝，决不能成为历史的罪人。她毅然投身到了莫高窟的保护、研究和弘扬工作中来。在她开阔的视野和有力的推动中，莫高窟的人才队伍不断壮大，保护的措施更加先进，交流的层面不断拓展，敦煌文物数字化保护的篇章全新开启。她坚守在大漠深处半个多世纪，她为敦煌所做的一切也被季羡林先生誉为“功德无量”。

樊锦诗常说，她能在莫高窟坚守一辈子，最感谢的人就是她的同窗、她的终身伴侣彭金章。这个在她眼里打着灯笼都难找的好丈夫，为了支持她的工作，在 1986 年放弃了武汉大学的工作，也来到了敦煌。彭金章发挥了他所学考古专业的优势对莫高窟北区石窟进行了考古发掘，开辟了敦煌学研究的新领域，并取得了突出的成绩。

“相识未名湖，相爱珞珈山，相守莫高窟。”樊锦诗和丈夫彭金章用爱和生命践行了这样一个神圣的誓言。即便是今天，我们在莫高窟依然可以看到一位步履蹒跚、满头白发的老人，她挚爱敦煌，离不开敦煌，白天黑夜想的都是敦煌。这个为敦煌奉献了毕生心血的老人，依旧为莫高窟的保护研究事业继续焕发着生生不息的活力。正如 2019 年感动中国人物给樊锦诗的颁奖词：“舍半生，给茫茫大漠。从未名湖到莫高窟，

关友惠、马世长、贺世哲先生测量壁画

敦煌文物研究所艺术家临摹壁画

守住前辈的火，开辟明天的路。半个世纪的风沙，不是谁都经得起吹打。一腔爱，一洞画，一场文化苦旅，从青春到白发。心归处，是敦煌。”

敦煌的守望者中还有史苇湘、欧阳琳、孙儒僩、李其琼、李贞伯、万庚育、关友惠、刘玉权、贺世哲、施萍婷、李云鹤等，敦煌文物事业所取得的成绩凝聚了每个莫高窟人的辛劳和汗水。

从 1944 年国立敦煌艺术研究所成立到今天的敦煌研究院，一代代莫高窟人青丝变白发，初心不悔，为敦煌文物的保护、研究、弘扬事业贡献了青春和力量，铸就了“坚守大漠、甘于奉献、勇于担当、开拓进取”的莫高精神。

三危山下，九层楼前，举世无双，一眼千年。今天的莫高窟，花团锦簇，游人如织，喧嚣背后，我们不能忘记近一个世纪以来，一批又一批有志青年离开了繁华的都市，来到西北戈壁荒漠中的敦煌莫高窟安家创业。他们住土房、喝咸水、点油灯，忍受着严寒酷暑、大漠风沙和孤独寂寞，但为了心中神圣的追求，为了保护敦煌石窟，为了研究和解读敦煌石窟艺术，他们苦中作乐、忘我工作，克服种种苦难，默默负肩起保护中华文化遗存、传承历史文化根脉的重任。一年又一年，一代又一代的莫高窟人默默地奉献着青春、智慧、家庭，乃至人生。他们把全部身心投入这座人类艺术宝库，不断从中汲取营养。敦煌成就了他们，他们的人生也因敦煌而更加绚烂。